Un GRAND Week-end

PORTO

Le quartier de la Ribeira

PORTO

Ville de contrastes, Porto séduit par son authenticité autant que par le vent de modernité qui est en train de s'y lever. Fière de son patrimoine historique, médiéval ou baroque, elle est entrée en trombe dans le XXIe s. avec son musée d'Art moderne et sa Casa da Música. On la dit sévère et laborieuse, mais ses plages ensoleillées invitent au farniente... On la croit endormie, mais les nuits de la Baixa sont bouillonnantes !

Bateaux typiques *(mercantéis)* à Aveiro

Notre auteur : Sandrine Rabardeau, journaliste et auteure, est passionnée de voyage, d'art et de culture. Toujours partante pour découvrir de nouveaux horizons, elle a relevé le défi de sillonner Porto et le Portugal en quête de lieux fascinants et d'expériences inédites. Elle partage ses meilleures adresses dans cette édition.

Notre photographe : Jérôme Plon est à la fois réalisateur et photographe, notamment pour la collection *Un Grand Week-end*. À Porto, il a aimé déambuler dans le quartier de Miragaia ou sur les berges du Douro, respirer l'air vif de Foz avant de se régaler dans les *tascas* de Matosinhos.

Un Grand Week-end sur les réseaux sociaux

Suivez-nous sur *Facebook*, *Twitter* et *Instagram* **@Ungrandweekend**

Vous y trouverez nos photos coups de cœur, nos expériences uniques et surtout une réponse personnalisée à toutes vos questions.

Et si vous y contribuiez ? Nous aimons beaucoup voir nos guides en voyage : postez une photo de votre guide en situation et taguez-nous, nous partagerons les plus belles et récompenserons régulièrement les plus appréciées.

Les incontournables DE PORTO et ses environs

RIBEIRA

Autrefois au cœur de l'activité marchande de la ville, ce quartier offre une belle promenade sur les rives du Douro animées par les terrasses de cafés et de restaurants. Voir p. 30.

CATEDRAL SÉ

Flanquée de ses deux tours carrées, la cathédrale au style romano-gothique en impose. Sa rosace du XIIe s. est remarquable, tout comme les fresques de Nasoni (XVIIIe s.) qui ornent le chœur. Sans oublier le cloître avec ses murs de granit recouverts d'azulejos. Voir p. 22.

PONTE DOM LUÍS I

Ce spectaculaire double pont en métal relie Porto à Vila Nova de Gaia. Traversez-le à pied pour profiter pleinement du panorama. En été, certains plongent dans le Douro depuis sa partie inférieure. Voir p. 31.

IGREJA DE SÃO FRANCISCO

Sa façade abrite un opulent décor de bois sculpté recouvert d'or *(talha dourada)* qui constitue un véritable chef-d'œuvre du baroque portugais ! Située en face de l'église, la crypte, qui renferme des catacombes, vaut le détour. Voir p. 36.

IGREJA E TORRE DOS CLÉRIGOS

L'église et la tour de Clérigos constituent le symbole de Porto. Elle est l'une des œuvres maîtresses de Nicolau Nasoni, célébrissime architecte, peintre et sculpteur du début du XVIIIe s. Sa tour, du haut de ses 75 m, offre une vue circulaire imprenable sur la ville. Voir p. 51.

FUNDAÇÃO DE SERRALVES

La Fundação de Serralves vous invite à découvrir sur un même site une superbe maison Art déco, un prestigieux musée d'art contemporain (œuvres d'Álvaro Siza Vieira), un corps de ferme, ainsi qu'un élégant parc boisé parsemé de sculptures. Voir p. 73.

LIVRARIA LELLO

Souvent cité parmi les trois plus belles librairies au monde, ce somptueux édifice possède un inoubliable décor : rayons en bois, bas-reliefs de bronze, vitraux ornés et, au beau milieu, un gigantesque escalier.
Voir p. 52.

LES CHAIS DES MAISONS DE PORTO

Il vous faudra traverser le Douro pour découvrir les chais dans lesquels les maisons de Porto élèvent leur vin. Blanc, Ruby, Tawny, LBV ou vintage, il y a une histoire derrière chaque bouteille. Une quinzaine de caves proposent des visites guidées suivies d'une dégustation.
Voir p. 79.

CASA DA MÚSICA

La météorite de l'architecte néerlandais Rem Koolhaas est tombée sur Porto en 2005 pour doter le Portugal de son premier monument dédié exclusivement à la musique. La Casa da Música plaira autant aux amateurs d'architecture qu'aux mélomanes. Voir p. 69.

ESTAÇÃO DE SÃO BENTO

Une des seules gares où l'on ne s'ennuie pas en attendant son train : les superbes azulejos qui tapissent les murs du sol au plafond de la salle des pas perdus relatent des pages importantes de l'histoire de Porto. Aussi passionnant qu'une salle de musée ! Voir p. 42.

PALÁCIO DA BOLSA

Ses allures de palais royal annoncent la magnificence de ses salles. Conçu pour séduire les partenaires commerciaux du Portugal, le palais a servi de Bourse du commerce jusqu'en 1990. Sa visite vous propulse dans des sphères princières et féeriques. Voir p. 38.

BRAGA ET SA CATHÉDRALE

Pour une plongée dans l'histoire de l'art, rendez-vous à Braga, à 45 min au nord de Porto. Même si vous ne possédez aucune affinité avec la religion, sa cathédrale est un incontournable qui réunit dix siècles d'architecture avec des éléments romans, gothiques, Renaissance et baroques. Admirez les différentes chapelles réparties autour du cloître et de la cour. Voir p. 90.

SANTUÁRIO DO BOM JESUS DO MONTE

La perfection et la magnificence de son escalier suffiraient à déplacer les foules pour le découvrir. Accroché sur un versant boisé face à la ville de Braga, le sanctuaire de Bom Jésus, haut lieu de pèlerinage depuis le XVe s., est à ne manquer sous aucun prétexte ! Voir p. 93.

AMARANTE

Cette petite ville, située à 60 km à l'est de Porto, ne possède que peu de monuments à visiter, mais elle recèle un charme unique et particulier qui fait que l'on s'y sent bien. Installez-vous à l'une des terrasses qui surplombent le Tâmega et paressez. Voir p. 84.

10 expériences UNIQUES

S'INITIER À LA DÉGUSTATION DU PORTO...

... sur la terrasse panoramique de Vinum – Graham's, à Vila Nova de Gaia, en profitant de la vue imprenable sur le centre-ville coloré et escarpé de Porto (p. 130).

VOGUER SUR LE DOURO À BORD D'UN *RABELO*...

... et passer sous les 6 ponts qui enjambent majestueusement le fleuve (p. 34). C'est sur ce type d'embarcation que le vin était autrefois transporté (p. 79).

GOÛTER *LA FRANCESINHA*...

... du Café Santiago (p. 112), la meilleure adresse pour découvrir ce sandwich au nom étrange (p. 140). Un incontournable de Porto qui promet une expérience culinaire riche mais unique !

FAIRE UNE PAUSE DANS LES AIRS...

... en s'installant confortablement sur la pelouse du jardim das Oliveiras (p. 52). Aménagé sur le toit d'une galerie commerciale, il offre une perspective atypique et donne la sensation de flotter dans les airs.

PARTAGER LA FERVEUR DES SUPPORTERS...

... à l'estadio do Dragão, s'habiller de bleu et supporter le FC Porto, le club portugais le plus titré au niveau international. L'enthousiasme qui règne dans les tribunes est très communicatif (p. 76) !

PRENDRE DE LA HAUTEUR...

... et admirer la vue depuis le Passeio das Virtudes (p. 60). À la belle saison, les Portuenses s'y rendent en famille ou entre amis, notamment en fin de journée pour admirer les derniers rayons qui illuminent les toits de la ville.

ROULER AU CŒUR DE LA VALLÉE DU DOURO...

... en suivant la RN 222 (p. 84) qui longe le fleuve quasiment à son niveau. Encerclé de collines parsemées de vignobles en terrasse, vous traverserez un paysage enchanteur !

EMBARQUER SUR UN PETIT BATEAU À MOTEUR...

... pour rejoindre le charmant village de pêcheurs d'Afurada (p. 190). Dégustez des sardines grillées à la Taberna de São Pedro avant de vous promener jusqu'au bout de l'estuaire.

MARCHER LE LONG DE L'EAU...

... depuis le jardim de António Calém jusqu'aux plages de Foz (p. 74). Une promenade iodée au cours de laquelle vous apercevrez sur l'autre rive le ravissant port d'Afurada. Goûtez aux tapas de Pisca (p. 127) et rêvassez.

FAIRE LA TOURNÉE DES BARS...

... du quartier de la rua da Galeria de Paris : prendre un verre et quelques tapas au Café au Lait (p. 151), puis écouter de la musique live au Plano B (p. 151) et danser jusqu'au bout de la nuit à Tendinha dos Clérigos (p. 154).

Un grand week-end SUR MESURE

Première fois à Porto ?

Suivez notre programme pour ne rien rater des incontournables de Porto. Le guide compte 16 quartiers et visites répartis dans toute la ville et ses environs. Évidemment, en trois jours, vous ne pourrez pas faire toutes ces balades. À vous de voir si vous voulez remplacer telle visite par une autre en fonction de vos centres d'intérêt…

PREMIER JOUR

➡ Prenez-en plein les yeux avec les visites du Palácio da Bolsa et de l'igreja de São Francisco (quartier 3), avant de déambuler le long des façades colorées de la Ribeira qui se reflètent dans le Douro (quartier 2). Déjeunez sur une terrasse au bord du fleuve,

puis gravissez les escaliers du Barredo jusqu'à la Sé (quartier 1).
➡ Poursuivez avec la visite de la cathédrale et de l'église baroque de Santa Clara (quartier 1) avant d'emprunter le ponte Dom Luís I (quartier 2) en profitant sous tous les angles du splendide panorama. Redescendez à pieds ou en téléphérique jusqu'aux quais de Vila Nova de Gaia. Embarquez sur un *rabelo* (quartier 12) pour 50 min de croisière avant de visiter le chai de votre choix. En fin de journée, rendez vous sur le toit-terrasse de l'Espace Porto Cruz (quartier 12), pour un apéritif ou une soirée sur fond de musique live.

DEUXIÈME JOUR

➡ Commencez votre journée par un thé ou un café accompagné d'une pâtisserie dans le décor Belle Époque du Café Majestic (quartier 5). Remontez la rua de Santa Caterina et jetez un œil à la ravissante Capela das

La vieille ville de Porto au coucher du soleil

Almas (quartier 5). Rejoignez le centre en descendant l'avenida dos Aliados, puis contemplez les somptueux panneaux d'azulejos de l'estação São Bento (quartier 4). Au déjeuner, pourquoi ne pas tester la typique *francesinha* ?

➥ L'après-midi, lancez-vous à l'ascension de la torre dos Clérigos (quartier 6) avant de visiter le Centro Português de Fotografia (quartier 7). Admirez les azulejos de la igreja do Carmo, puis goûtez aux éclairs de la Leitaria da Quinta do Paço. Faites une escale à la livraria Lello et offrez-vous une pause sur la pelouse du jardim das Oliveiras. Votre soirée se prolongera dans les bars de la rua da Galeria de Paris (quartier 6).

➥ Autre possibilité : quitter la ville pour la journée et s'offrir une escapade à Braga (p. 14) ou dans la vallée du Douro (p. 15).

TROISIÈME JOUR

➥ Art et architecture modernes sont au programme de votre journée. Débutez dès 11h avec la visite guidée de la Casa da Música qui dure une heure, puis faites une pause déjeuner au Mercado Bom Sucesso (quartier 10). Remontez en direction de la Rotunda da Boavista pour prendre le bus 203 en direction de Foz (quartier 11).

➥ Démarrez votre après-midi à la Fundação de Serralves (quartier 11) avec l'exploration du musée d'Art contemporain, de son parc et de sa belle maison Art déco. Une fois cette visite terminée, prenez le bus 207 qui vous mènera au jardim do Palácio de Cristal (quartier 9). Après une promenade romantique, parcourez la rua de Miguel Bombarda et ses galeries d'art contemporain.

Déjà venu ?

Vous connaissez déjà les incontournables de Porto ? Quittez le centre pour explorer d'autres quartiers pleins de surprise.

Marginal da Foz do Douro

FOZ DO DOURO (QUARTIER 11)

Consacrez une journée au quartier de Foz. Depuis le centre de Porto, prenez le bus 500 qui longe la côte jusqu'au Castelo do Queijo. Promenez-vous dans le Parque da Cidade ponctué de bois et d'étangs ; il accueille de nombreuses espèces d'oiseaux. Revenez sur vos pas, le long de l'océan. Déjeunez sur la plage et piquez une tête avant de vous accorder une pause shopping dans les ruelles du centre. En fin de journée, remontez la promenade de Marginal da Foz jusqu'à l'embouchure du Douro. À l'heure de l'apéro, faites une pause chez Pisca et délectez-vous du panorama. Rejoignez ensuite le centre de Porto par le tramway 1, le bus 500 ou à pied.

BRAGA ET GUIMARÃES (QUARTIERS 14 ET 15)

Si vous êtes plutôt branché patrimoine, Guimarães possède un centre historique classé au patrimoine mondial de l'Unesco. Sa forteresse du Xe s. vit naître le premier roi du Portugal, Dom Afonso Henriques. Quant au très élégant Paço dos duques de Bragança, construit au XVe s., son architecture s'inspire des demeures seigneuriales françaises du Moyen Âge.
Si vous préférez les splendeurs

du baroque, direction Braga à la découverte du santuário do Bom Jesus, de la cathédrale, du Palácio do Raio ou de la Casa Rolão.

RIVES ET VIGNOBLES DU DOURO (QUARTIER 13)

Si vous voulez traverser des paysages de rêve, partez découvrir la vallée du Douro, ses vignobles et ses *quintas*. Vous pouvez vous y rendre en voiture en suivant la belle RN 222 ou en bateau en remontant le fleuve depuis Porto. Si vous êtes en voiture, profitez-en pour visiter la somptueuse Casa de Mateus à Vila Real ainsi que la très romantique ville d'Amarante !

Jardins de la Casa de Mateus

Santuário do Bom Jesus, près de Braga

Fêtes & FESTIVALS 2018

Février

Essência do Vinho

Du 22 au 25 février, le Palácio da Bolsa accueille près de 350 producteurs qui invitent à déguster quelque 3 000 vins du Portugal et d'ailleurs, aux côtés d'œnologues internationaux.

www.essenciadovinhoporto.com

Fantasporto

Du 20 février au 4 mars, le Festival international du cinéma fantastique de Porto est une référence mondialement connue, avec près de 100 séances de courts et longs métrages au Teatro Municipal Rivoli.

www.fantasporto.com

Mars

Semaine sainte – Braga

Du 25 mars au 1er avril, la ferveur mais aussi la mise en scène quelque peu théâtrale des cérémonies et des processions qui jalonnent la Semaine sainte à Braga ne laissent personne indifférent.

www.semanasantabraga.com

Avril

Fête de la Liberté

Le 25 avril, le Portugal fête la révolution des Œillets. C'est l'occasion de commémorations officielles et de rassemblements populaires, notamment sur l'avenida dos Aliados à Porto.

Mai

Queima das Fitas

Du 5 au 13 mai 2018, les étudiants envahissent les rues et font la fête durant une semaine : concerts en plein air et défilés autour de l'avenida dos Aliados.

www.queimadoporto.com

In Spiritum

Ce festival né en 2014 allie musique et patrimoine, avec des concerts de musique classique donnés dans des lieux emblématiques de la ville, comme le Palácio da Bolsa, la cathédrale et les églises de São Lourenço et de Santa Clara.

www.festivalinspiritum.com

Porto Wave Series

Compétition de surf sur les plages de Matosinhos

www.matosinhosport.com

Festival de Órgão – Braga

La ville la plus pieuse du Portugal abrite dans ses églises quantité d'orgues qui ont leur festival depuis 2014. Les spectaculaires orgues baroques de la cathédrale valent le déplacement.

www.festivalorgaobraga.com

Juin

Serralves em Festa

Le concept : 40 à 50h de spectacles et de concerts sur différentes scènes réparties dans le parc de la Fundação de Serralves : danse contemporaine, musique, performances théâtrales, il y en a pour tous les goûts !

www.serralvesemfesta.com

Nos Primavera Sound

Du 7 au 9 juin, trois jours de musiques rock, pop ou underground au Parque da Cidade (Foz) avec une cinquantaine d'artistes internationaux répartis sur plusieurs scènes.

www.nosprimaverasound.com

São João

Les festivités de la São

João commencent le 23 juin à Porto avec des sardines grillées, des concerts et des bals, un feu d'artifice au-dessus du ponte Dom Luís I. Le 24 se tient une régate de *rabelos* sur le Douro.
www.porto.pt

São Pedro - Afurada
La fête se prolonge sur l'autre rive, dans le village de pêcheurs d'Afurada, près de Vila Nova de Gaia, avec des concerts, des bals et un feu d'artifice tiré le samedi qui suit le jour de la São Pedro (29 juin).

Juillet

Porto a Subir
Cette course difficile rassemble des sportifs qui montent en courant de la Ribeira jusqu'à la Sé en gravissant les escaliers de Codeçal et de Guindais.
www.runporto.com/eventos/porto-subir

MEO Marés Vivas - Vila Nova de Gaia/Afurada
Vila Nova de Gaia accueille en juillet ce grand festival de musique, attirant des stars internationales telles que Sting, ou le groupe Bastille en 2017.
http://maresvivas.meo.pt

Bienal de Arte - Vila Nova de Gaia
Peinture, sculpture, dessin, photographie : la biennale présente environ 400 artistes exposés dans les monuments de la ville, de juillet à septembre, les années impaires.
www.facebook.com/artistasdegaia

Septembre

Francesinha na Baixa
Le sandwich préféré des Portuenses a son festival ! De grands chefs sont invités à réinterpréter ce plat à leur manière.

Concertos na Avenida
La Banda Sínfónica Portuguesa et l'orchestre symphonique de Porto descendent dans la rue pour des concerts gratuits de jazz et de musique classique sur l'avenida dos Aliados.
www.casadamusica.com

NOS em D'Bandada
Près de 80 concerts gratuits sur 20 scènes réparties dans la Baixa.

Semi-marathon de Porto
Longeant le Douro sur les deux rives, du ponte do Freixo jusqu'à Foz en passant par le ponte Dom Luís I, le semi offre un beau panorama sur Porto.
www.meiamaratonadoporto.com/fr

Encontros da Imagem - Braga
Ce festival de la photographie est l'occasion de découvrir une quinzaine d'expos dans divers monuments historiques, musées et galeries de Braga.
http://encontrosdaimagem.com

Novembre

Marathon de Porto
Les athlètes peuvent compter sur le soutien de la population tout au long des 42 km d'un parcours qui longe l'océan puis le fleuve, en passant par la Ribeira et le ponte Dom Luís I.
www.maratonadoporto.com/fr

Décembre

Noël et Nouvel An
La période des fêtes à Porto a son épicentre sur l'avenida dos Aliados, avec un superbe sapin de Noël illuminé devant la mairie, un marché de Noël et, pour le Nouvel An, un concert et un feu d'artifice.

Visites

PAR QUARTIER

Igreja de Santo Ildefonso

À SAVOIR

VISITER PORTO

Nous avons découpé la ville en **12 petits quartiers** que vous pouvez tous visiter à pied - en utilisant éventuellement les transports en commun pour rejoindre un quartier éloigné de celui dans lequel vous vous trouvez -, **auxquels s'ajoutent la vallée du Douro, Braga, Guimarães et Aveiro** accessibles en voiture mais aussi en train ou en bus (voir p. 190).

SE DÉPLACER

Peu étendu, le centre de Porto est desservi par des réseaux de **bus** et de **métro** pratiques, qui vous permettront aussi de relier des quartiers plus excentrés comme Foz do Douro, Boavista ou encore Vila Nova de Gaia, situé sur la rive gauche du Douro.

LIRE LES CARTES

Chaque visite est accompagnée d'un plan détaillé sur lequel nous avons placé tous les **points d'intérêt** du quartier. Les **pastilles de couleur** indiquent nos bonnes adresses de **restos,** de **bars** et de **boutiques.** Le numéro de la pastille colorée correspond à celui attribué à chacune des adresses. Reportez-vous au chapitre concerné pour lire la notice de l'établissement.

À LA RENCONTRE DES PORTUENSES

Il faut se promener sur la Ribeira pour s'imprégner de son atmosphère haute en couleur, même les jours de grisaille. S'enfoncer dans ses sombres ruelles, gravir ses abruptes collines, et se hisser sur ses murailles et ses ponts pour découvrir des points de vue à couper le souffle. Il faut goûter à sa gastronomie pour en déceler le caractère, et déguster son porto pour en saisir la douceur. Mais on ne peut comprendre tout à fait Porto sans aller à la rencontre de ses habitants (les Portuenses). Laissez-vous séduire par leur profonde gentillesse et par leur sens inné de l'accueil. Questionnez-les, vous serez étonné de voir combien ils aiment et surtout connaissent leur ville, son patrimoine et son histoire. Rien ne peut leur faire plus plaisir que de vous voir apprécier les charmes de leur *cidade invicta*.

Praça de Gomes Teixeira, aussi appelée praça dos Leões

PORTO POUR LES PETITS BUDGETS

Porto n'est pas une ville chère à visiter. Il est tout à fait possible de profiter pleinement de la ville avec un budget un peu serré. La plupart des monuments et toutes les églises sont d'accès libre, à quelques exceptions près. Pour les musées et les quelques églises payantes (la Sé, São Francisco), les tickets dépassent rarement 4 €. Les musées plus chers comme le Museu Nacional de Soares dos Reis ou la Fundação de Serralves (voir p. 65 et 73) sont gratuits le premier dimanche du mois et certains sites proposent des billets combinés qui vous feront faire des économies (voir p. 193). Vous pouvez également opter pour la Porto Card qui donne gratuité et réductions pour de nombreux monuments (voir p. 193). Si vous êtes en famille, n'oubliez pas de demander les réductions familiales accordées. Quant aux transports, ils ne vous ruineront pas, car c'est à pied que Porto se visite le mieux.

1 Autour de la Sé : LES ORIGINES DE PORTO

Restos & bistrots p. 105 | Bars & clubs p. 145 | Boutiques p. 167

La cathédrale, ou Sé, se situe au sommet du mont Pena Ventosa, l'une des deux collines de la ville. C'est dans ses alentours qu'ont été retrouvées les traces les plus anciennes d'occupation humaine à Porto, datant du VIIe s. av. J.-C. Pendant des siècles, la cité s'est cantonnée au sommet de cette colline, à l'abri de solides remparts.

❶ CATEDRAL SÉ★★★

Porto fut pendant des siècles une cité épiscopale où les évêques avaient plus de pouvoir que le roi, comme en témoignent les allures de forteresse de la Sé (abréviation de Sede Episcopal) et sa position dominante. C'est l'évêque Dom Hugo qui lança la construction de la cathédrale au début du XIIe s. L'édifice a subi de nombreuses modifications à l'époque baroque, dont l'ajout par Nasoni d'une loggia ornée d'azulejos sur son flanc nord.

Cloître de la cathédrale

Du roman au baroque

On est forcément surpris, en entrant dans la cathédrale, par le mélange de styles : deux bénitiers monumentaux du XVIIe s. et un baptistère du XVIe s. dominé par un haut-relief (XIXe s.) du sculpteur Teixeira Lopes père vous accueillent. La tour-lanterne à la croisée du transept date de la fin du XVIe s. et, dans le chœur, le retable en *talha dourada* est du XVIIIe s., tout comme les fresques de Nicolau Nasoni. En revanche, la remarquable rosace est d'origine et la statue de Notre-Dame de Vendôme date du XIVe s.

O altar de prata

Dans la chapelle de São Sacramento, l'autel en argent, exécuté entre le XVIe et le XIXe s., est considéré comme une œuvre fondamentale de l'orfèvrerie portugaise. On raconte qu'il échappa au sac des troupes napoléoniennes grâce à l'astuce d'un sacristain qui le recouvrit de plâtre. Une autre version, plus vraisemblable, dit qu'il fut l'objet de négociations avec le général Junot, interrompues à temps par l'arrivée des Anglais.

Le cloître

À visiter absolument pour y admirer le subtil mariage entre les arcades gothiques et les azulejos du XVIIIe s., ainsi que l'escalier noble de Nasoni, tout en granit sculpté, qui donne accès à une terrasse.

Le musée

Aménagé dans l'ancienne maison du chapitre, il contient une importante collection d'objets qui témoignent de la richesse passée de l'église : calices, chasubles brodées d'or, livres liturgiques...

Terreiro da Sé • ☎ 222 059 028 • Juin-sept. : t. l. j. 9h-19h ; oct.-mai : t. l. j. 9h-12h30 et 14h30-18h ; f. dim. de Pâques et 25 déc. après-midi • Accès libre cathédrale ; entrée cloître + musée : 3 € (f. 30 min avant la cathédrale et dim. matin).

❷ CASA DOS 24 - ANTIGA CASA DA CÂMARA*

Construite au XVe s., la « maison des 24 » symbolisait le conflit séculaire à Porto entre pouvoirs ecclésiastique et populaire. Siège des instances municipales, c'est là que se réunissaient les 12 corporations de la ville, chacune d'elles étant représentée par deux délégués. Le bâtiment historique fut détruit par un incendie en 1875, l'édifice actuel date de 2002 et abrite un bureau d'information touristique qui ne présente pas grand intérêt. Il a été imaginé par l'architecte Fernando Távora et arbore le nom complet de Porto, cité « Antique, Très Noble, Toujours Loyale, et Invaincue ».
Terreiro da Sé.

❸ TERREIRO DA SÉ**

Il faut imaginer qu'en ce lieu, jadis cœur de toute l'activité commerciale de la ville, se trouvait un enchevêtrement de maisons et d'échoppes qui furent rasées en 1940 pour mieux mettre en valeur la cathédrale. La **tour médiévale** est l'unique édifice qui fut sauvé de la destruction. Elle a toutefois été déplacée de quelques mètres ; elle était à l'origine située juste en face du portail de la Sé, presque invisible pendant des siècles au milieu d'un fouillis d'échoppes de tailleurs et de bouchers. Le **pilori** *(pelourinho)*, d'aspect ancien, date en fait du XXe s. : commandé par la mairie de Porto pour orner la nouvelle place, il fut exécuté en 1945 à partir d'une gravure de 1797. La **statue de Vimara Peres** rend hommage

Le pilori et la cathédrale, Terreiro da Sé

à ce seigneur du IXe s. qui, sous les ordres du roi des Asturies Alfonso III, réussit à reconquérir la ville de Porto (Portucale), occupée par les Maures. La **fontaine de São Miguel**, aussi appelée « fontaine de l'Ange », est l'œuvre de Nicolau Nasoni. Avec sa balustrade en fer forgé, son bas-relief en marbre et sa statuette de l'ange saint Michel, elle est d'un style peu commun.

❹ PAÇO EPISCOPAL**

Ancienne résidence des évêques de Porto, le palais épiscopal fut construit comme la Sé aux XIIe et XIIIe s., mais il connut de profondes modifications. Bien qu'aucun croquis n'ait été retrouvé, il est vraisemblable que ses façades aient été dessinées par Nicolau Nasoni, qui sut donner une impression de légèreté et d'élégance à ce bloc imposant. Les évêques quittèrent les lieux au XIXe s., et la mairie de Porto les occupa de 1916 à 1956, avant de s'installer aux Aliados.

Terreiro da Sé • ☎ 223 392 330 • Lun.-mar., jeu. et sam. 9h-13h • Entrée : 5 €.

❺ ESCADAS DO BARREDO**

La pente est raide, mais les ruelles et escaliers qui montent à la cathédrale ou qui descendent vers la Ribeira, selon le sens de votre balade, font vraiment partie de la visite du Porto médiéval. Laissez vos pas vous guider, l'important étant de vous imprégner de l'atmosphère de ce dédale escarpé. Votre promenade vous conduira peut-être devant l'un des bâtiments les plus anciens de Porto, vraisemblablement du XIIIe s. : la **torre do Barredo,** située rua do Baixo.

❻ IGREJA DE SÃO LOURENÇO E MUSEU DE ARTE SACRA E ARQUEOLOGIA (IGREJA DOS GRILOS)***

Des jésuites au Grand Séminaire

Ce couvent a été construit en 1577 par les jésuites grâce aux dons des fidèles, en particulier de Frei Luís Álvaro de Távora,

❼ Pour une pause solidaire : Português de Gema

Joignez l'utile à l'agréable en entrant dans ce charmant petit bar doté de quelques tables, d'une terrasse au calme et d'un coin boutique vendant des produits locaux. Situé dans l'une des rues les plus anciennes de la ville, à deux pas de la porte de Sant'Ana, il offre la possibilité aux plus démunis de se réinsérer en travaillant. Vous y serez chaleureusement accueilli, et la carte des vins, plats (5,50-10 €) et *petiscos* (2,50-10,50 €) est tout à fait en accord avec le décor : simple et authentique.

Rua de Sant'Ana, 33 • ☎ 933 730 874 / 917 515 267 • Mar.-jeu. 11h-19h, ven.-sam. 11h-20h (lun.-sam. 11h-22h en été).

qui est enterré dans l'église.
En 1759, les jésuites, jugés trop influents, sont expulsés du Portugal par le marquis de Pombal, ministre de José I. L'église est ensuite achetée par la congrégation des Augustins déchaussés, qui occupent les lieux de 1780 à 1832. Pendant le siège de Porto (voir p. 29), les moines sont obligés d'abandonner le couvent, occupé par les troupes libérales de Dom Pedro IV. Depuis 1864, l'ensemble appartient au Seminário Maior.

L'église

On y admire les azulejos du XVIe s., le retable de Nossa Senhora da Purificação, œuvre baroque, et l'orgue ibérique du XVIIIe s. Les autres ornements baroques ont été pour la plupart retirés par les frères augustins qui aspiraient à plus de simplicité. L'ombre de Frei Luís Álvaro de Távora plane toujours ici : son blason figure sur la façade et sa sépulture demeure posée sur deux éléphants, bien que son nom ait été effacé sur ordre du marquis de Pombal.

Le musée d'art sacré et d'archéologie

Ses collections rassemblent des œuvres allant du XIIIe au XXIe s., essentiellement des sculptures religieuses, avec une salle dédiée à l'artiste portuense Irene Vilar. Prenez le temps de vous attarder sur les esplanades qui surplombent et jouxtent São Lourenço : elles offrent de beaux points de vue sur la ville.

Largo do Colégio • ☎ 223 395 020 • Église et musée : lun.-sam. 10h-19h, f. j.f. ; la façade de l'église est en rénovation, on y accède par le musée (payant) • Entrée : 3 €.

❽ CASA DO BECO DOS REDEMOINHOS ET RUA DE DOM HUGO N° 5★★

Si vous aimez visiter une ville dans ses moindres recoins, cette minuscule impasse, fermée par une grille dont le valeureux Vimara Peres semble surveiller l'entrée, vous plaira. S'y cache une maison de type flamand du début du XIVe s., l'une des plus anciennes de Porto qui soient encore debout. À quelques mètres de là, au n° 5 de la rua de Dom Hugo, se trouve un petit site de fouilles dans lequel pas

Igreja de Santa Clara

moins de 20 strates archéologiques ont été découvertes, avec des objets remontant jusqu'au IVe s. av. J.-C. Pour accéder à ces deux sites, adressez-vous au **musée Guerra Junqueiro** (visites possibles mar.-dim. 10h-12h et 14h-17h).
Rua de Dom Hugo.

❾ MURALHA PRIMITIVA*

Face à la pression des envahisseurs germaniques, les Romains bâtirent une muraille autour de la colline de Pena Ventosa. On y accédait par quatre portes seulement : Vandoma, São Sebastião, das Verdades et Sant'Ana. Les seuls vestiges de cette enceinte primitive sont situés sur le flanc nord de la cathédrale, près de la rua de Dom Hugo, et dans la rua de Sant'Ana, où l'on devine les traces de la porte du même nom, à côté de la statue de sainte Anne.

❿ MUSEU GUERRA JUNQUEIRO*

L'écrivain et poète Guerra Junqueiro (1850-1923) ne vécut jamais dans cette somptueuse demeure du XVIIIe s. Elle fut acquise en 1934 par sa fille, qui en fit don à la municipalité de Porto afin que soit réalisé le rêve de son père de rassembler et exposer les quelque 600 œuvres d'art accumulées par ce grand collectionneur : faïences, céramiques, argenterie, mobilier et objets d'art sacré. Un lieu paisible, agrémenté d'un agréable café en terrasse, où plane une certaine poésie...
Rua de Dom Hugo, 32 • ☎ 222 003 689 • Mar.-dim. 10h-17h30 ; f. j.f. • Entrée : 2,20 €, gratuit sam. et dim. • Vis. guidée en français sur résa (min. 5 pers.).

⓫ IGREJA DE SANTA CLARA***

D'origine gothique, l'église de Santa Clara a subi de nombreuses transformations au fil des siècles. Franchissez son beau portail Renaissance, et laissez-vous surprendre par ce véritable bijou du baroque portugais, dont l'intérieur est presque entièrement recouvert de *talha dourada* du XVIIIe s. (voir p. 40). L'accès à l'église se faisait sur le côté, selon l'usage dans les couvents féminins, et les clarisses suivaient l'office derrière les grilles encore présentes au fond de l'église.
Largo 1º de Dezembro • ☎ 223 392 330 • Fermée pour travaux jusqu'en 2018.

⓬ MURALHA FERNANDINA***

Érigée au XIVe s. et achevée sous le règne de Dom Fernando, cette deuxième enceinte délimitait une surface 12 fois supérieure à la précédente. Il reste peu de vestiges de la muraille Fernandine, mais le plus important est accessible en passant par le centre social situé dans l'ancien monastère des clarisses (à g. de l'église). L'accès est toléré aux heures d'ouverture du centre (lun.-ven. 8h-17h), et cela vaut la peine de s'y aventurer : la vue sur le fleuve et les maisons en contrebas y est superbe !

Porto, *cidade invicta*

Ville invaincue, fière d'une liberté défendue avec courage et orgueil, Porto a pourtant été l'objet de convoitises depuis ses origines. Si certains de ses envahisseurs (Romains, Suèves et Wisigoths) furent assimilés dans une cohabitation pacifique, d'autres (Maures et Français) furent en revanche farouchement repoussés. Un esprit qui a perduré au fil des siècles.

ROMAINS ET PEUPLES GERMANIQUES

Les Romains prirent la péninsule Ibérique aux Carthaginois environ 200 ans av. J.-C., pendant la deuxième guerre punique. Ils y restèrent jusqu'à l'arrivée des peuples germaniques : les **Suèves** tout d'abord, qui s'établirent en 410 dans tout le nord de l'actuel Portugal et en Galice, créant un royaume dont la capitale était Braga (Bracara), jusqu'à ce qu'ils soient délogés par les Wisigoths en 584.

PORTO, FER DE LANCE DE LA RECONQUÊTE CONTRE LES MAURES

En 711, les Maures envahirent à leur tour la péninsule Ibérique, repoussés en 868 par **Vimara Peres,** puis en 999 par des Français menés par **Dom Nonego,** évêque de Vendôme, qui plus tard devint évêque de Porto. En 1095, **le roi Afonso VI de León** fit une fois encore appel à ses alliés français, **Henri et Bertrand de Bourgogne,** pour lui prêter main forte dans la lutte contre les Maures. En récompense de leur bravoure, il leur donna ses filles en mariage, et offrit à Henri le comté de Portucale.

Portus Cale

Lorsque les Romains arrivèrent, le foyer de peuplement originel de Porto se nommait Cale. Ils le rebaptisèrent Portus Cale, puis Portucale, en raison de l'activité portuaire qu'ils y développèrent. Créé en 868 lorsque Vimara Peres reprit la ville aux musulmans, le comté de Portucale devint le Portugal, pays indépendant en 1139, tandis que la ville perdait sa terminaison pour devenir Portus puis Porto.

LA NAISSANCE DU PORTUGAL

C'est en 1139 que commence l'histoire du Portugal comme nation indépendante, dans l'élan de la Reconquête contre les Maures menée par **Dom Afonso Henriques,** fils d'Henri de Bourgogne, qui refusa de prêter allégeance au roi de León et se proclama

roi du Portugal. Limité au départ à une région située entre les fleuves du Minho et du Douro, le pays s'agrandit à mesure que des territoires sont repris aux musulmans jusqu'en 1297, date à laquelle le Portugal atteint ses frontières actuelles, les plus anciennes d'Europe.

Colonne du Jardim da Rotunda da Boavista

LES INVASIONS NAPOLÉONIENNES

Au début du XIXe s., le Portugal refusa de participer au blocus décrété par Napoléon Bonaparte contre la Grande-Bretagne, son alliée séculaire. S'ensuivirent en représailles **trois invasions successives,** mais seule la deuxième arriva jusqu'à Porto : en mars 1809, le maréchal Soult réussit à s'emparer de la ville pendant quelques jours, jusqu'à l'arrivée des renforts anglais menés par le duc de Wellington. On raconte que Soult dut fuir si précipitamment son quartier général installé au Palácio dos Carrancas (actuel Museu de Soares dos Reis) que le duc de Wellington put s'installer à la table dressée et profiter de son dîner encore fumant.

LA RÉVOLUTION LIBÉRALE ET LE SIÈGE DE PORTO

Alors que la couronne avait fui au Brésil face aux invasions napoléoniennes, se créa à Porto une société secrète qui fomenta **la révolution libérale de 1820.** S'ensuivit le retour du roi et l'adoption, en 1822, de la première Constitution portugaise. Entre 1828 et 1834, une **guerre civile** opposa le libéral **Dom Pedro IV** à son frère absolutiste Dom Miguel I, un conflit qui se termina par un siège de Porto tenu par les absolutistes pendant plus d'un an, dont Pedro IV sortit victorieux grâce au courage des Portuenses. Sa fille, la reine Dona Maria II, remercia la ville en la qualifiant officiellement d'**« invicta ».**

PORTO LA REBELLE

Le 31 janvier 1891, les militaires en garnison à Porto tentèrent de destituer le roi Carlos I, et réussirent à proclamer une république qui ne dura que quelques heures. Immédiatement jugulée, cette première tentative de révolution (la république ne fut établie qu'en 1910) laissa cependant des traces dans les esprits. Porto, fidèle à ses principes libéraux, participa aussi activement à **la révolution des Œillets** qui, le 25 avril 1974, mit fin à 40 ans de dictature salazariste.

2 Ribeira, couleurs ET REFLETS DU DOURO

Restos & bistrots p. 106 | Bars & clubs p. 145 | Boutiques p. 167

C'est ici que s'est développée, au fil des siècles, l'activité économique et marchande de Porto, ville portuaire à la fois tournée vers les vignobles de la vallée du Douro et ouverte sur le monde. Un dynamisme qui perdure dans ce quartier dominé par le majestueux ponte Dom Luís I, et auquel le fleuve donne une luminosité et des couleurs particulières, appréciées à la fois des artistes et des visiteurs. Depuis 1996, la Ribeira et l'ensemble du vieux Porto (qui s'étend de la praça da Liberdade à la cais da Ribeira) ont été classés au patrimoine mondial par l'Unesco.

❶ *RIBEIRA NEGRA* DE JÚLIO RESENDE*

Natif de Porto, Júlio Resende se qualifiait de peintre expressionniste. L'essentiel de son travail est exposé dans une fondation à son nom, près de Porto, rassemblant environ 2 000 dessins et tableaux. Mais son œuvre la plus monumentale et la plus célèbre est un panneau d'azulejos de 40 m de long, inauguré en 1987, que vous pouvez découvrir à la sortie du

Funicular dos Guindais

tunnel menant au Ponte Dom Luís I. Il y représente sa chère Ribeira : scènes de marché, conversations entre voisins, jeux d'enfants...
Avenida de Gustavo Eiffel.

❷ FUNICULAR DOS GUINDAIS*

Pour ceux d'entre vous qui redoutent les escaliers – il est vrai abrupts – menant de la Ribeira à la cathédrale, il existe une alternative de charme : le funiculaire, qui gravit la colline de Pena Ventosa depuis 2004 en longeant la muraille Fernandine. Son ancêtre fut mis en fonction en 1891, mais condamné deux ans plus tard après un grave accident. La technologie a bien évolué depuis, et vous pouvez monter en toute sérénité tout en profitant d'une vue spectaculaire !
Station du bas : avenida de Gustavo Eiffel (au pied du ponte Dom Luís I) ; station du haut : rua de Augusto Rosa • Mai-oct. sf août : dim.-mer. 8h-22h, jeu.-sam. 8h-minuit ; août : t. l. j. 8h-minuit ; nov.-avr. : t. l. j. 8h-20h • Billet : 2,50 € ; temps de trajet : 3 min.

❸ PONTE DOM LUÍS I***

Souvent attribué à tort à Gustave Eiffel, le ponte Dom Luís I fut en réalité conçu par son ex-associé

Ponte Dom Luís I

Théophile Seyrig. En effet, le projet présenté par la société Gustave Eiffel et Cie d'un pont levant, bien que primé à Paris, fut rejeté par le gouvernement portugais qui tenait à profiter de la topographie encaissée des rives du Douro pour doter la ville d'un double pont. L'ouvrage fut inauguré en 1886 par le roi Luís I. Il peut se traverser à pied par les deux niveaux, en métro (niveau supérieur) ou en voiture (niveau inférieur). Voir aussi p. 35.

Accès piéton : cais da Ribeira (bas) ou avenida Vimara Peres (haut).

❹ PONTE DAS BARCAS★★

Un mémorial en bronze de Teixeira Lopes père rappelle la tragédie du 28 mars 1809 : au cours de la deuxième invasion napoléonienne, un pont constitué de bateaux (*ponte das barcas* en portugais) reliés entre eux par des câbles céda sous la pression de la population qui cherchait à fuir les troupes françaises conduites par le maréchal Soult, jetant à l'eau des milliers de malheureux qui y périrent. Un monument d'Eduardo Souto de Moura indique de part et d'autre du fleuve l'endroit exact du drame depuis son bicentenaire en 2009.

Cais da Ribeira.

❺ PRAÇA DA RIBEIRA★★

C'est l'une des plus anciennes places de la ville. Les maisons qui prolongent la rua dos Mercadores

❻ Pour une pause dégustation : Vinologia

Vinologia est un incontournable pour découvrir le porto, ou plutôt les portos, de préférence ceux de petits producteurs indépendants, soigneusement sélectionnés par le propriétaire. La carte de dégustation (10-50 €, verre à partir de 4 €) convient à tous les budgets, et propose en accompagnement une sélection de fromages et d'autres produits locaux.

Rua de São João, 28-30 • ☎ 222 011 050 • www.vinologia.pt • T. l. j. 11h-minuit.

lui donnent une teinte médiévale, tandis que, du côté opposé, les arcades dessinées au XIXe s. par l'architecte anglais John Whitehead lui confèrent de la grandeur. Au nord de la place, une fontaine du XVIIe s., au-dessus de laquelle est nichée une statue contemporaine de saint Jean-Baptiste, du sculpteur João Cutileiro.

Praça da Ribeira

❼ CASA DO INFANTE*

L'Infant Henrique, dit le Navigateur (voir p. 63), serait né dans ce bâtiment, l'un des plus anciens de Porto. Construit en 1325, il abrita les douanes de la ville pendant 500 ans, du XIVe au XIXe s. C'est aussi là qu'était frappée la monnaie. À l'intérieur, on peut voir des objets issus de fouilles archéologiques, une reconstitution vidéo de l'histoire de la ville, ainsi qu'une maquette de Porto au Moyen Âge.

Rua da Alfândega, 10 • ☎ 222 060 435 • Mar.-dim. 9h30-13h et 14h-17h30 ; f. j.f. • Entrée : 2,20 € (gratuit sam.-dim.).

De pont en pont

Les ponts jouent un rôle majeur dans l'activité économique de Porto, tout en faisant partie du patrimoine historique de la ville. L'encaissement de la vallée du Douro a exigé des constructions audacieuses, qui contribuent au cachet unique de ce site.

PONTE DOM LUÍS I

Inauguré en 1886, ce **pont à double tablier** signé Théophile Seyrig sert depuis 2005 au passage du métro sur sa partie supérieure, les voitures empruntant la partie basse. La **toponymie particulière** des lieux a permis cette construction à la fois gracieuse et pratique, en remplacement du Ponte Pênsil qui avait rendu possible le franchissement du Douro en toute sécurité dès 1841, à une époque où, en l'absence de barrage en amont, le fleuve était bien plus agité qu'aujourd'hui.

Ponte Dom Luís I

PONTE DONA MARIA PIA

Appelée aussi « pont Eiffel », cette **structure métallique** si caractéristique qui enjambe le Douro à plus de 60 m au-dessus de l'eau a en effet été dessinée par Gustave Eiffel, bien que ce soit surtout son associé Théophile Seyrig qui en ait suivi les travaux en 1876 et 1877. Après 114 ans de bons et loyaux services, ce pont ferroviaire n'a plus été utilisé depuis l'ouverture du ponte de São João en 1991, car il ne permettait pas aux trains de se croiser, ni de rouler à une vitesse supérieure à 20 km/h.

Ponte da Arrábida

PONTE DA ARRÁBIDA

Construit entre 1957 et 1963, ce projet de l'ingénieur Edgar Cardoso était à l'époque une prouesse technique, puisqu'il s'agissait du **plus grand pont en arc en béton armé** au monde. Ses piliers porteurs de 70 m de haut sont ornés de sculptures monumentales des artistes Barata Feyo et Gustavo Bastos, et dotés d'ascenseurs malheureusement désactivés désormais.

PONTE DE SÃO JOÃO

Ce pont ferroviaire à poutres a remplacé celui de Dona Maria Pia en 1991. Dessiné par Edgar Cardoso, comme le ponte da Arrábida, il a lui aussi battu des records mondiaux avec une travée de 250 m, qui, à l'époque de sa construction, représentait **le plus grand espace entre deux piliers porteurs.**

PONTE DO FREIXO

Dès la fin des années 1980, l'augmentation rapide du parc automobile portugais a rendu nécessaire la construction d'un troisième pont routier pour désengorger ceux de Dom Luís I et d'Arrábida. Inauguré en 1995, le ponte do Freixo est en fait constitué de **deux ponts éloignés de 10 cm** l'un de l'autre, par lesquels passe l'autoroute A20 reliant le nord au sud du Portugal.

PONTE DO INFANTE

Il s'agit du **pont le plus récent** de Porto, inauguré en 2003 pour compenser l'affectation du tablier supérieur du ponte Dom Luís I au métro. Il est constitué d'un seul arc, et sa travée de 280 m est encore une performance au niveau mondial !

3 Palácio da Bolsa ET SÃO FRANCISCO

Restos & bistrots p. 107 | Bars & clubs p. 147 | Boutiques p. 168

Le quartier du palais de la Bourse donne un bon aperçu des influences variées qui ont façonné Porto : d'abord le gothique, puis le baroque exubérant de l'église São Francisco. Vint ensuite la prospérité de la place du commerce au XIXe s. et l'essor du vin de Porto. Puis l'artisanat d'aujourd'hui, et l'explosion récente du tourisme, bien visible dans ce quartier...

❶ IGREJA DE SÃO FRANCISCO★★★

Les franciscains arrivèrent à Porto dès le XIIIe s. Ils commencèrent la construction du monastère en 1245 mais l'église actuelle fut achevée en 1425. Son extérieur est de style gothique, alors que le nord du pays était à cette époque très marqué par le style roman. Aux XVe et XVIe s, certaines familles nobles de la ville élurent cette église comme panthéon.

Splendeur du baroque portugais

Durant les deux siècles suivants, la ville s'enrichit de façon considérable et l'église fut complètement revêtue de *talha dourada* (décor intérieur en bois sculpté et recouvert de feuilles d'or). La structure initiale disparut alors entièrement sous ces ornements ! Ne manquez pas le retable de l'arbre de Jessé situé dans la nef latérale gauche. L'œuvre est surmontée d'une niche abritant une sculpture de Notre-Dame et de l'Enfant.

La crypte

En face de l'église, la maison du Tiers-Ordre de saint François comporte une crypte *(cripta)* abritant de somptueuses catacombes. Ce cimetière souterrain, unique en son genre au Portugal, était réservé aux fidèles du Tiers-Ordre entre 1749 et 1866, date à laquelle les enterrements ont dû cesser par mesure d'ordre sanitaire. La salle du fond abrite un ossuaire visible à travers un grillage au sol.

Rua do Infante Dom Henrique • ☎ 222 062 125/177 • www.ordemsaofrancisco.pt/museu.php • Nov.-fév. : t. l. j. 9h-18h ; mars-avr. et oct. : t. l. j. 9h-19h ; mai-juin : t. l. j. 9h-19h30 ; juil.-sept. : t. l. j. 9h-20h ; f. 25 déc. • Entrée : 4,50 €.

❷ IGREJA DE SÃO NICOLAU*

L'église d'origine (XVIIe s.) fut détruite par un incendie en 1758 et reconstruite en 1762 dans un mélange de styles néoclassique et baroque. Elle faillit être démolie lors de la construction de la rua Ferreira Borges en 1837, dont elle obstruait l'accès au fleuve, mais la reine Maria II s'opposa au projet. Sa façade fut recouverte d'azulejos en 1861.

Rua do Infante Dom Henrique, 93 • ☎ 222 004 486 • Lun. et mer.-sam. 9h-12h et 16h-20h, dim. 9h-11h • Accès libre.

Igreja de São Francisco

❸ ESTÁTUA DO INFANTE DOM HENRIQUE★★

Ce monument en bronze inauguré en 1900 représente l'Infant Henrique, avec le monde à ses pieds et indiquant le chemin des découvertes. La place tout entière est dédiée à cet homme, né en 1394, vraisemblablement à quelques pas de là, qui a lancé le Portugal sur la voie des grandes explorations maritimes et à la conquête de terres inconnues (voir aussi p. 63).

Praça do Infante Dom Henrique.

❹ PALÁCIO DA BOLSA★★★

Propriété de la chambre du commerce et de l'industrie de Porto, cet imposant palais construit au XIXᵉ s. témoigne de l'importance qu'a toujours exercé le commerce sur la ville. Bien qu'en activité, il est possible de le découvrir au travers de visites guidées en français.

La cour intérieure et les salles

Tout ce que Porto comptait d'artistes à l'époque a contribué à décorer le palais. Le pátio das Nações est impressionnante par sa superficie et son élégante coupole de verre et de métal. En haut de l'escalier central qui mène à l'étage, observez les piliers sculptés en granit : ils ont nécessité 40 ans de réalisation ! La salle d'audience possède un magnifique mobilier d'époque en bois sculpté et la salle dorée renferme un admirable sol en marqueterie.

Salão Árabe

Cette époustouflante salle de style mauresque a nécessité 20 kg d'or pour son ornementation. Conçu à l'époque uniquement pour impressionner et faire valoir la puissance de la ville, le salon arabe accueille toujours aujourd'hui des soirées et événements privés, dans une ambiance luxueuse et féerique propice à la négociation.

Rua de Ferreira Borges • ☎ 223 399 000/090 • www.palaciodabolsa.com • Avr.-oct. : t. l. j. 9h-18h30 ; nov.-mars : t. l. j. 9h-12h30 et 14h-17h30 ; f. 1er janv., 24-27 avr. et 25 déc. • Entrée : 8,50 €.

Palácio da Bolsa

❺ MERCADO FERREIRA BORGES*

Construit en 1885 afin d'accueillir un marché couvert, il n'a pratiquement jamais rempli cette fonction, n'ayant pas réussi à attirer les marchands de la Ribeira. Ce superbe spécimen de ferronnerie industrielle a été reconverti en centre d'expositions temporaires. Il abrite surtout le Hard Club (une salle de concert, voir p. 147), ainsi qu'un bar-restaurant (voir p. 107).

Praça do Infante Dom Henrique. • ☎ 220 101 186 • T. l. j. 10h-minuit • Accès libre.

Estátua do Infante Dom Henrique

❻ MUSEU DAS MARIONETAS**

Ce musée présente les personnages et les décors qui animent depuis plus de 25 ans le Théâtre de marionnettes de Porto. Comiques, émouvantes ou effrayantes, ces marionnettes sont parfois de véritables œuvres d'art qui ne laissent insensibles ni les petits ni les grands ! Un film projeté montre les coulisses de ce théâtre singulier et l'art d'animer ces drôles de personnages.

Rua de Belomonte, 61 • ☎ 220 108 224 • www.marionetasdoporto.pt • T. l. j. 11h-13h et 14h-18h, f. 1er janv., 1er mai, 24 juin et 25 déc. • Entrée : 2 € (entrée + vis. guidée : 3,50 €).

❼ Pour une pause savoureuse : Conversas Vadias

Ses murs en ardoise, qui accueillent pensées diverses et poésies inscrites à la craie blanche, et ses longues tables de bois invitent à la décontraction. Dans l'assiette, une fusion très réussie des cuisines portugaise et japonaise servies en petites portions. Un mélange goûteux et surprenant, à déguster sans modération !

Rua do Comércio do Porto, 130 • ☎ 223 244 658 • Lun.-sam. 12h-23h • De 3,50 à 7 €.

Splendeurs baroques

Parmi les grands courants artistiques et architecturaux qui ont contribué à façonner les villes du nord du Portugal, le baroque est celui qui a laissé le plus de traces. Porto et Braga, en particulier, se sont considérablement transformées aux XVIIe et XVIIIe s., bâtissant de somptueux monuments, sculptant leurs façades, et couvrant leurs églises d'or pour exhiber une splendeur qui trouva son apogée sous le règne de Dom João V.

O BARROCO

Bien que l'art baroque soit né en Italie, sa dénomination vient du Portugal, où le mot ***barroco*** désigne une perle irrégulière, bosselée et difforme. Les artistes classiques considéraient avec mépris les œuvres baroques, jugées biscornues et imparfaites. Le terme « baroque » ne fut employé qu'à partir du XIXe s. et perdit peu à peu sa connotation péjorative.

LE BAROQUE JOANINO

Dom João V, qui régna de 1707 à 1750, tenait à ce que le Portugal ait sa place parmi les plus grandes nations européennes, aux côtés de la France de Louis XIV, dont il était un grand admirateur. Comme lui, il gouverna en monarque absolu et encouragea les arts sous toutes leurs formes. Son arrivée sur le trône coïncida avec la découverte au Brésil de gisements d'or qu'il fit importer en masse pour en couvrir les églises et montrer sa grandeur aux yeux du monde.

UNE INSPIRATION EUROPÉENNE

Arrivé tardivement au Portugal, le style baroque s'y enrichit de différents courants grâce aux artistes que Dom João V fit venir de toute l'Europe. Dans le nord du pays, il fut avant tout inspiré de l'école de Sienne en Italie, d'où arriva **Nicolau Nasoni** vers 1725 (voir p. 51), mais il subit aussi l'influence du **style rocaille français**

La *talha dourada*

Technique d'art décoratif qui consiste à couvrir de feuilles d'or des œuvres en bois sculpté, la *talha dourada* est l'expression la plus spectaculaire de l'exubérance baroque portugaise. Vous ne trouverez pas ailleurs qu'à Porto et Braga une telle profusion d'or : chaque église possède au moins une statue, un autel ou un retable tout d'or revêtu, quand elles n'en sont pas entièrement tapissées !

et allemand qui, associé au *barroco* donna naissance au **rococo,** que l'on peut admirer dans de nombreux monuments, tels le Palácio do Raio à Braga ou l'Igreja do Carmo à Porto.

Azulejos de la cathédrale de Porto

DES MONUMENTS GRANDIOSES

Casa de Mateus, sanctuaires de Lamego et de Bom Jesus, monastère de Tibães, cathédrales de Porto, Braga, et Lamego : le baroque s'est glissé un peu partout dans le nord du Portugal, couvrant d'austères églises gothiques d'une **abondance de dorures,** et faisant surgir des monuments aux somptueuses façades de granit sculpté, à une époque où il s'agissait, pour l'Église comme pour la noblesse, d'afficher sa puissance de façon ostentatoire.

LES ARTISANS DU BAROQUE

Dans tout le nord du pays, les sculpteurs, doreurs, et peintres se livraient une concurrence stimulante, et beaucoup d'entre eux étaient des artistes qui excellaient dans plusieurs de ces métiers. Parmi les maîtres sculpteurs sur bois les plus célèbres, **Miguel Francisco da Silva** est celui qui a signé la sacristie de la Sé et le chœur de l'Igreja de Santa Clara à Porto, ainsi que les stalles du chœur supérieur de la Sé de Braga.

DES MURS ORNÉS D'AZULEJOS

Le Portugal peut s'enorgueillir d'avoir produit les **azulejos baroques** les plus splendides d'Europe, qui furent d'ailleurs exportés très largement dans les colonies, en particulier au Brésil. À Porto, on trouve de très beaux panneaux de ces azulejos du XVIIIe s. qui se marient superbement avec la pierre dans le cloître de la Sé, ou bien avec la *talha dourada* dans l'église de Santa Clara.

DES ÉGLISES ÉTINCELANTES

On ne peut comprendre tout à fait le Portugal si l'on n'est jamais entré dans l'une de ses églises baroques aux intérieurs ornés de ***talha dourada,*** témoignage de la richesse du pays du temps de ses colonies. Les églises de São Francisco et de Santa Clara à Porto en sont les exemples les plus flamboyants.

4 São Bento, Aliados ET PRAÇA DA LIBERDADE

Restos & bistrots p. 108 | Bars & clubs p. 147 | Boutiques p. 171

Les styles de la fin du XIXe et du début du XXe s. dominent ce quartier d'allure solennelle et majestueuse. À la suite de l'interdiction des ordres religieux par Dom Pedro IV en 1834, des couvents furent abandonnés puis détruits, ce qui libéra de l'espace pour construire la gare de São Bento et de larges places et avenues aux immeubles imposants, désormais sous le regard du Paços do Concelho qui abrite la mairie de Porto.

❶ ESTAÇÃO DE SÃO BENTO★★★

Cette gare fut édifiée en 1896 par Marques da Silva (voir ci-contre). Même si vous n'avez aucun train à prendre, vous devez y entrer pour y admirer les panneaux d'azulejos de Jorge Colaço illustrant des faits marquants de l'histoire du pays : le refus de Dom Afonso

Estação de São Bento

Henriques, premier roi du Portugal, de se soumettre au roi de Castille et León ; le mariage à Porto de João I avec Filipa de Lencastre ; la conquête de Ceuta par l'Infant Henrique...
Praça Almeida Garrett.

❷ IGREJA DOS CONGREGADOS★

Les azulejos, signés Jorge Colaço, sont ici à l'extérieur. Construite à la fin du XVIIe s., cette église est dédiée à saint Antoine : sa statue

José Marques da Silva

Né à Porto en 1869, José Marques da Silva est parti à 20 ans à Paris pour y suivre des études d'architecture et travailler sous la direction de grands architectes français comme **Victor Laloux.** De retour à Porto, il a grandement contribué à modeler le visage de la ville en signant des bâtiments tels que l'**estação de São Bento** (1896), qui n'est pas sans rappeler la gare d'Orsay de Victor Laloux à Paris, le **Monumento aos Heróis da Guerra** (1909), la reconstruction du **Teatro Nacional de São João** (1910) et la **Casa de Serralves** (1925-1944). Marques da Silva a également supervisé la construction de l'**avenida dos Aliados.**

Avenida dos Aliados

est nichée en haut de la façade, et on retrouve des scènes de sa vie dessinées un peu partout. L'intérieur est essentiellement baroque, avec un autel surplombé par un baldaquin tout à fait original.
Praça Almeida Garrett • ☎ 222 002 948 • Lun.-sam. 7h30-18h30, dim. 7h30-13h et 17h-19h • Accès libre.

❸ PRAÇA DA LIBERDADE ET AVENIDA DOS ALIADOS★★

L'installation de la mairie en 1819 et l'essor du chemin de fer firent de la praça da Liberdade le centre politique, économique et social de Porto. Hommes politiques et artistes se retrouvaient dans les nombreux cafés, appelés *botequim*, aujourd'hui remplacés par des banques. L'avenida dos Aliados qui la prolonge est bordée d'imposants bâtiments en granit, aux élégantes façades d'influence française dessinées par l'architecte Marques da Silva (voir encadré p. 43).

❹ MONUMENTO A DOM PEDRO IV★★

Dom Pedro fut le premier empereur du Brésil (Pedro I), dont il déclara l'indépendance en 1822. Également roi du Portugal (Pedro IV), il dut y affronter son frère, l'absolutiste Dom Miguel qui, profitant de son absence, s'était installé sur le trône. S'ensuivit une guerre civile dont le libéral Dom Pedro sortit victorieux en 1833, après un siège de plus d'un an à Porto, où sa bravoure lui valut le surnom de « roi soldat » (voir aussi p. 29). Ici, il tient dans sa main la Constitution du Portugal.
Praça da Liberdade.

❺ O PORTO*

Comme son nom l'indique, cette statue symbolise la ville de Porto. Commandée en 1818 par le conseil municipal, elle représente un soldat vêtu à la romaine, tenant une lance et un bouclier avec les anciennes armes de la ville. Sur son casque se trouve déjà le dragon qui est devenu plus tard l'emblème du club de foot de Porto et a donné son nom au stade.

Praça da Liberdade.

❻ PAÇOS DO CONCELHO*

L'édifice actuel de la mairie de Porto a été dessiné en 1920 par l'architecte Correia da Silva, et les services municipaux s'y sont installés en 1957. Son hall d'entrée est doté de beaux plafonds peints, et sa façade en granit décorée de sculptures représentant les diverses activités liées depuis toujours à la ville, comme la viticulture, l'industrie et la navigation. Devant l'édifice trône la statue de l'un des plus grands auteurs romantiques portugais, Almeida Garrett.

Praça General Humberto Delgado • ☎ 222 090 400 • Lun.-ven. 9h-17h • Accès libre (hall).

Paços do Concelho

❼ Pour une pause raffinée : Astória

L'hôtel Intercontinental ouvert en 2011 fait revivre un palais du XIXe s. : le Palácio das Cardosas, d'après le surnom donné à la veuve et aux filles du riche commerçant Manuel Cardoso, qui l'avait acheté en 1832. Le restaurant Astória est à la hauteur du lieu, distingué et lumineux avec de grandes fenêtres donnant sur la praça da Liberdade. Une très bonne table, dans un cadre luxueux, à un prix tout à fait abordable à l'heure du déjeuner.

Praça da Liberdade, 25 • ☎ 220 035 600 • T.l.j. 12h30-15h30 et 19h30-22h30 • Menus midi : 10-12 €, soir : 35 et 45 €.

5 Batalha ET BOLHÃO

Restos & bistrots p. 110 | Bars & clubs p. 149 | Boutiques p. 172

Au tournant du XXe s., Porto est en pleine effervescence intellectuelle et artistique. C'est la belle et grande époque des théâtres, cafés et jardins, où l'on se retrouve entre gens de la bonne société pour voir et surtout être vu. Aujourd'hui, ce quartier est toujours aussi fréquenté notamment grâce à la rua de Santa Catarina qui renferme de nombreux magasins dont Via Catarina, un grand centre commercial.

❶ MERCADO DO BOLHÃO★★

Ce marché a ouvert en 1915, et on a l'impression que rien n'a changé depuis ! Les vendeurs de fleurs, chaussettes, graines, poissons ou fruits et légumes sont répartis sur 2 étages, réunis par catégories de commerce, dans une grande halle en béton et en fer forgé. On peut y prendre un verre ou y déjeuner à tout petit prix. Cette construction, qui se voulait avant-gardiste au début du XXe s., est aujourd'hui d'une grande vétusté. Classé en 2006 immeuble d'intérêt public, le marché du Bolhão va être entièrement remodelé. Durant les travaux, ses stands devraient être transférés dans le centre commercial La Vie, situé au 508 rua de Fernandes Tomás.

Rua de Fernandes Tomás ou rua Formosa • ☎ 223 326 024 • Lun.-ven. 8h-17h, sam. 7h-13h • À l'heure où nous imprimons ce guide, le marché du Bolhão s'apprête à fermer pour travaux de rénovation ; ces travaux devraient durer 2 ans.

❷ CAPELA DAS ALMAS★★

Les amateurs d'azulejos apprécieront cette petite église de la fin du XVIIe s., dont les deux façades ont été intégralement revêtues de carreaux bleu et blanc par le céramiste Eduardo Leite en 1929. Ces panneaux d'une grande finesse décrivent des scènes de la vie de saint François d'Assise et de sainte Catherine. L'intérieur est de style néoclassique.

Rua de Santa Catarina, 428 • ☎ 222 005 765 • Lun.-mar. 7h30-13h et 15h30-19h, mer.-ven. 7h30-19h, sam.-dim. 7h30-12h et 18h-19h • Accès libre.

❸ JARDIM DE SÃO LÁZARO*

Magnolias, tilleuls et camélias fleurissent à tour de rôle dans ce superbe jardin public créé en 1834 par Pedro IV pour offrir un lieu de récréation aux dames de Porto, qui avaient tant souffert durant le siège de la ville. Ce jardin, toujours romantique, attire les retraités du quartier s'y retrouvant par dizaines pour jouer aux cartes.

Ou Jardim de Marques de Oliveira • Passeio São Lázaro • Avr.-sept. : t. l. j. 9h-20h ; oct.-mars : t. l. j. 9h-19h • Accès libre.

❹ BIBLIOTECA MUNICIPAL DO PORTO**

Il est conseillé de faire un tour à la bibliothèque municipale, non pas pour son fonds de livres, pourtant l'un des plus riches du pays, mais pour sa collection d'azulejos ! Exposés dans le cloître de cet ancien couvent, ils proviennent de couvents des alentours détruits lors de l'interdiction des ordres religieux par Dom Pedro IV en 1834. Les plus anciens datent du XVe s.

Rua Dom João IV, 17 • ☎ 225 193 480 • 15 juil.-15 sept. : lun.-ven. 10h-18h ; 16 sept.-14 juil. : lun. et sam. 10h-18h, mar.-ven. 9h-19h30 • Accès libre.

❺ IGREJA DE NOSSA SENHORA DA ESPERANÇA*

Cette église du XVIIIe s. est attribuée à Nicolau Nasoni. Édifiée sur les lieux d'une ancienne léproserie, elle est insérée dans une école où étaient éduquées

Teatro Nacional São João

❻ Pour une pause romantique : Café Majestic

Élégant et raffiné, ce café de la Belle Époque a toujours été fréquenté par des artistes et des intellectuels, jusqu'à une période très récente puisque J. K. Rowling, qui a vécu quelque temps à Porto, s'y est souvent attablée pour écrire le premier tome des aventures d'Harry Potter. Nous vous recommandons les *rabanadas* (5 €) : un pain perdu aux noix, légèrement saupoudré de cannelle, un vrai délice !

Rua de Santa Catarina, 112 • ☎ 222 003 887 • www.cafemajestic.com • Lun.-sam. 9h30-minuit.

autrefois les orphelines de la ville. Son intérieur est essentiellement baroque, avec un retable en *talha dourada* et un arc en granit soutenant le *coro alto* (chœur du haut), techniquement remarquable par sa ligne presque horizontale.

Avenida Rodrigues de Freitas, 349 • ☎ 225 899 670 • Mar.-mer. et ven. 8h-10h, dim. 9h-12h • Accès libre.

❼ IGREJA DE SANTO ILDEFONSO**

Outre les azulejos de Jorge Colaço (1931) qui tapissent sa façade, illustrant des scènes de la vie de saint Ildefonso, cette église du début du XVIIIe s. est remarquable pour ses vitraux de 1967, du maître Isolino Vaz. Deux tableaux très sombres de la fin du XVIIIe s. ornent les parois latérales : ils ont été volontairement noircis pour dissimuler leur beauté aux troupes de Napoléon.

Praça da Batalha • ☎ 222 004 366 • Lun. 15h-18h30, mar.-sam. 9h-12h et 15h-18h30, dim. 9h-13h et 18h-20h • Accès libre.

❽ TEATRO NACIONAL SÃO JOÃO**

Inauguré en 1798, ce théâtre fut royal avant d'être national. Au XIXe s., on y donnait surtout des opéras italiens. Détruit par un incendie en 1809, il a été reconstruit par Marques da Silva, qui lui donna une atmosphère feutrée et luxueuse. Transformé en cinéma en 1932, il retrouva sa vocation en 1995, avec une programmation novatrice.

Praça da Batalha • ☎ 223 401 900 • www.tnsj.pt • Vis. guidée mar.-sam. à 12h30 : 5 € (résa conseillée).

6 Clérigos, Carmo ET CARMELITAS

Restos & bistrots p. 113 | Bars & clubs p. 150 | Boutiques p. 174

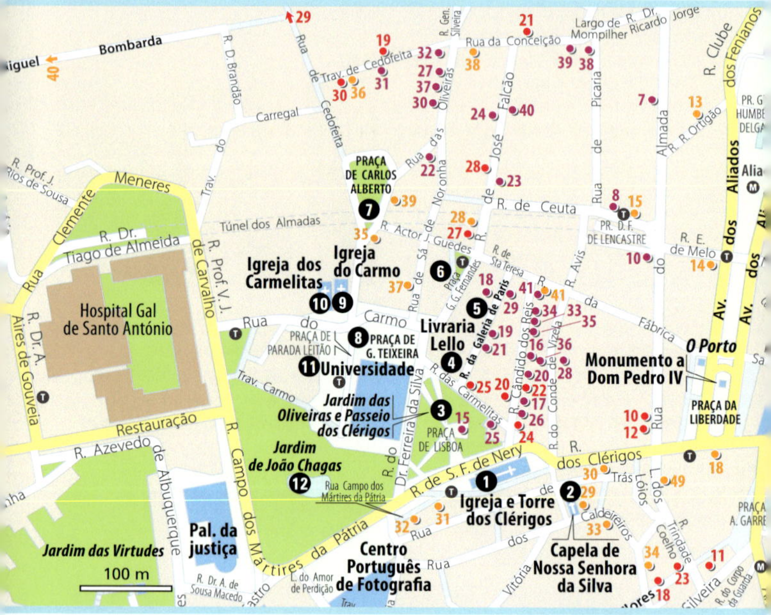

Quelle que soit l'heure du jour ou de la nuit, vous croiserez des étudiants dans ce quartier, sans aucun doute le plus dynamique de la ville. Universités, librairies, jardins, cafés et clubs sont autant de points de ralliement pour la jeunesse, à côté des églises de Carmo et Carmelitas et au pied de l'emblématique torre dos Clérigos, qui domine depuis 1763 la zone du centre-ville que l'on appelle Baixa.

❶ IGREJA E TORRE DOS CLÉRIGOS★★★

La confrérie dos « Clérigos Pobres » est créée en 1707 à Porto dans l'esprit de São Filipe Néri, un prédicateur italien du XVIe s. connu pour être le protecteur des plus humbles. Elle construit une infirmerie pour les membres du clergé pauvres sur un terrain exigu et pentu, où étaient jadis inhumés les condamnés à mort. C'est à Nicolau Nasoni que l'on confie la mission de concevoir une église accolée à l'infirmerie.

Le génie de Nasoni

La construction de l'église débute en 1732. Nasoni, architecte mais aussi peintre illusionniste, va profiter de la pente du terrain pour mettre en scène une sorte de trompe-l'œil et créer une façade faisant paraître l'église beaucoup plus monumentale qu'elle ne l'est vraiment. Ce qui semble être la porte de l'église donne en fait accès à une petite chapelle mortuaire, sans communication avec l'église, qui se trouve au niveau de la grande fenêtre située à l'étage. On y accède par une petite porte latérale. La tour-clocher, s'élevant à plus de 75 m, parachève l'œuvre monumentale de Nicolau Nasoni. Ses 225 marches vous permettront d'accéder à un formidable point de vue sur la ville.

Marbre et granit

On est surpris, en entrant dans l'église, par sa forme ovale, d'influence italienne, mais aussi par la présence de marbre, peu habituelle au Portugal. Elle se justifie sur le plan esthétique et d'un point de vue technique, en offrant une solution plus légère qu'une voûte entièrement en granit. Nasoni est pourtant bien l'artiste du granit, matière omniprésente dans les éléments décoratifs, ainsi que sur la façade et dans la tour.

Nicolau Nasoni

C'est à cet immense **artiste italien,** né en 1691 près de Florence, que Porto doit son côté si baroque. Il y est arrivé vers 1725 pour travailler en tant que peintre décorateur et réaliser les **fresques de la cathédrale** ; il n'a ensuite plus quitté la ville, où il a révélé son talent d'architecte. On lui doit, entre autres, la loggia de la cathédrale, les églises de Misericórdia et de Bom Jesus (à Matosinhos), et les splendides palais de Freixo et de Mateus (à Vila Real). **La tour et l'église de Clérigos** sont ses œuvres les plus emblématiques, **réalisées gratuitement** sur une période de 30 ans. À 52 ans, Nasoni fut accepté comme frère laïc de la confrérie dos Clérigos. Conformément à sa volonté, il fut enterré dans l'église lorsqu'il mourut à 82 ans dans la pauvreté.

Splendeur baroque

La façade de l'église et la tour sont chargées de motifs flamboyants, sculptures de saints, corniches accentuées et balustrades. À l'intérieur, le baroque s'exprime dans la *talha dourada* des autels latéraux et du lambrequin qui surplombe le chœur, les stalles en bois ornées de dorures, le tabernacle et les deux orgues dont il ne faut pas manquer le concert tous les jours à midi. La visite de l'infirmerie (dite Musée) donne une autre perspective sur l'église grâce à une fenêtre plongeant sur le chœur, qui permettait aux ecclésiastiques malades de suivre les cérémonies religieuses.

Rua de São Filipe de Nery • ☎ 222 001 729 • www.torredosclerigos.pt • T. l. j. 9h-19h (1er janv. et 25 déc. 11h-19h ; 24 et 31 déc. 9h-14h) • Église : accès libre • Tour et musée : 4 €.

❷ CAPELA DE NOSSA SENHORA DA SILVA**

La façade de cette chapelle du XVe s. est très originale, avec son joli balcon en fer forgé, ses fenêtres ornées de carreaux de couleurs, et sa niche du XVIIIe s. où est exposée Notre-Dame da Silva, à l'abri d'un baldaquin en bois sculpté. À l'intérieur se trouvent la chapelle proprement dite (située à l'étage) et une ancienne auberge, toutes les deux administrées à l'époque par la confrérie des forgerons, des chaudronniers *(caldeireiros)* et... des fabricants d'hameçons !

Rua dos Caldeireiros, 102-104 • Ouv. uniquement le sam. vers 16h30 pour une messe célébrée à 17h • Accès libre.

❸ JARDIM DAS OLIVEIRAS E PASSEIO DOS CLÉRIGOS***

Cette galerie commerciale, surmontée d'un jardin planté de 50 oliviers en guise de toit, est un bel exemple d'aménagement urbain alliant tradition et modernité. Les lignes géométriques s'entrecroisent pour donner de la légèreté à la structure en béton qui soutient l'ensemble. Au niveau inférieur, vous trouverez boutiques de mode et restaurants branchés. Au-dessus, de splendides oliviers et de larges pelouses invitent à la sieste.

Rua das Carmelitas, 151 • Facebook : Passeio dos Clérigos • Jardim : t. l. j. 8h-minuit.

❹ LIVRARIA LELLO***

Considérée comme l'une des plus belles d'Europe, la librairie Lello a des allures de cathédrale miniature, avec ses ogives, son double escalier en bois sculpté et son vitrail, à découvrir derrière une façade Art nouveau d'une blancheur étincelante. Une merveille dont on raconte que J. K. Rowling, fidèle cliente quand elle vivait à Porto, se serait inspirée pour la description de l'école Poudlard dans *Harry Potter*. Les livres ont cependant toujours la vedette dans ce décor unique : ils sont présents du sol au plafond et transportés dans un wagonnet sous le regard des bustes en bronze des auteurs portugais les plus célèbres.

Rua das Carmelitas, 144 • ☎ 222 002 037 • www.livrarialello.pt • Lun.-ven. 10h-19h30, sam. et dim. 10h-19h • Entrée : 4 €, déductibles de tout achat de livre (billetterie située à l'angle, sur la gauche de la librairie) • Pour éviter la foule, il est conseillé de s'y rendre en début ou fin de journée.

Livraria Lello

❺ RUA DA GALERIA DE PARIS**

Comme son nom l'indique, cette rue, ouverte en 1903, a été imaginée à la manière d'un des nombreux passages couverts que l'on trouve dans la capitale française – bien que le projet de toit ait été finalement abandonné. Bordée d'immeubles aux façades Art nouveau, elle accueille, comme ses parallèles Cândido dos Reis et Conde de Vizela, bars et boîtes de nuit, et devient à la nuit tombée une des rues les plus animées de Porto, où il faut jouer des coudes pour passer d'un bar à l'autre.

❻ Pour une pause « éclair » : Leitaria da Quinta do Paço

Cette laiterie, créée en 1920, s'est diversifiée avec la production de produits plus élaborés : beurre, crème et autres produits laitiers y sont toujours fabriqués de façon artisanale, mais ce sont ses éclairs, fourrés à la chantilly, qui font le succès de cette adresse. Déclinés en version sucrée ou salée, ils valent le détour ! Et si vous avez du mal à choisir entre le Duchesse aux fraises, le Fruits rouges crème fouettée ou bien le Chocolat noir chantilly, vous pouvez opter pour un assortiment de miniatures.

Praça Guilherme Gomes Fernandes, 47/51 • ☎ 222 084 696 • http://leitariaquintadopaco.pt/pt • Dim.-jeu. 9h-20h, ven.-sam. 9h-21h • Éclairs : 1,20-1,40 € ; miniatures : 0,90-1 €.

❼ PRAÇA DE CARLOS ALBERTO★★

Cette place charmante doit son nom au roi de Piémont et Sardaigne Carlos Alberto, qui, après avoir abdiqué en 1849, trouva refuge à Porto et s'installa très brièvement dans le Palacete dos Viscondes de Balsamão (au nord de la place). C'est également là, au-dessus du café Luso, que le général Humberto Delgado fut acclamé par 200 000 personnes le 14 mai 1958, lors d'une tentative d'opposition au régime de Salazar rapidement jugulée par des élections truquées. Le marché de Porto Belo, où vous trouverez des produits artisanaux, bio et vintage, s'y installe tous les samedis de 10h à 18h.

❽ PRAÇA DE GOMES TEIXEIRA OU DOS LEÕES★

Il n'est pas rare de voir sur cette place, juste devant le rectorat de l'université, des étudiants vêtus de leurs grandes capes noires, chantant en groupes (appelés *tunas*), ou bien faisant subir à leurs camarades toutes sortes d'épreuves de bizutage, tradition très ancrée au Portugal. La fontaine « aux lions », qui a donné son surnom à la place, fut fabriquée à Paris et installée en 1885 par la Compagnie générale des eaux, qui gérait à l'époque l'approvisionnement en eau de Porto.

❾ IGREJA DO CARMO★★★

Carmo, avec son style baroque et ses azulejos du XXe s., est l'une des églises emblématiques de Porto. Elle est repérable de loin depuis 1912 grâce à un superbe panneau d'azulejos, œuvre de l'Italien Silvestre Silvestri, illustrant la fondation de l'ordre des carmélites sur le mont Carmel (XIIe s.). L'église fut construite entre 1756 et 1768 par l'architecte José de Figueiredo Seixas, dans un style baroque avec une forte influence italienne. Les statues des prophètes Élie

⓫ Pour une pause étudiante : Café Piolho

Son vrai nom est le café Âncora d'Ouro, mais tout le monde à Porto l'appelle le Piolho, ce qui signifie « pou ». Les étudiants s'y pressent en effet depuis sa création en 1909, favorisant, sur les bancs de l'époque, la prolifération et le passage d'une tête à l'autre de ces petits parasites. Les habitants de Porto restent très attachés à ce lieu, comme l'attestent les plaques commémoratives des différentes promos de facultés de médecine, pharmacie, droit, etc. qui tapissent les murs.

Praça de Parada Leitão, 45 • ☎ 222 003 749 • www.cafepiolho.com • Lun.-sam. 7h-4h • Bière : 1,40 € en terrasse ; café : 0,65 et 0,90 € en terrasse.

Igreja do Carmo

et Élisée qui encadrent le portail ont été exécutées en Italie, et le balcon aurait été dessiné par Nicolau Nasoni. À l'intérieur, on admire de beaux ouvrages en *talha dourada* dans les chapelles latérales et dans le chœur.

Rua do Carmo • ☎ 222 078 400 • Lun.-ven. 8h-18h, sam. 7h30-12h, dim. 9h-13h et 16h-19h • Accès libre.

⑩ IGREJA DOS CARMELITAS**

Située dans l'ombre de sa voisine, cette église a pourtant été construite plus d'un siècle plus tôt, entre 1619 et 1628. Sa façade est plus sobre et classique, et son intérieur est un mélange de classicisme et de baroque. Les deux édifices sont séparés par une toute petite habitation d'un mètre de large, qui mettait une distance décente entre les frères de Carmelitas et les sœurs de Carmo. Le couvent attenant abrite maintenant la garde nationale républicaine.

Rua do Carmo • ☎ 222 050 279 • Lun.-ven. 8h-18h, sam. 7h30-12h et 14h30-18h, dim. 9h-13h et 16h-19h • Accès libre.

⑫ JARDIM DE JOÃO CHAGAS**

Ce jardin, aussi appelé da Cordoaria, dessiné en 1867 par le paysagiste allemand Emile David, est planté d'arbres remarquables, notamment un imposant séquoia d'Amérique du Nord et un *Araucaria bidwillii* (ou pin bunya), originaire d'Australie, haut de 40 m ! Son allée est bordée de platanes aux troncs étonnants et d'amusants personnages en bronze, œuvres sculptées en 2001 par l'artiste madrilène Juan Muñoz.

Rua Campo dos Mártires da Pátria • T. l. j. 24h/24 • Accès libre.

7 Vitória ET RUA DAS FLORES

Restos & bistrots p. 118 | Bars & clubs p. 159 | Boutiques p. 179

Cette visite vous permet de découvrir une ancienne prison, où plane encore l'âme de certains détenus célèbres, le quartier juif de Porto, dont l'histoire est indissociablement liée à celle de la ville, ainsi que quelques églises incontournables et l'élégante rua das Flores, où vivaient de grandes familles au XIXe s., au-dessus de boutiques de joailliers et d'autres commerces florissants.

❶ CENTRO PORTUGUÊS DE FOTOGRAFIA★★★

Ce bâtiment, merveilleusement réhabilité par Eduardo Souto de Moura, mérite une visite tant pour son histoire que pour ce qu'il offre à voir aujourd'hui. Construit à la fin du XVIIIe s., il abrita un centre pénitentiaire et une cour d'appel baptisée Cadeia da Relação jusqu'à

Centro Português de Fotografia

ce que la dictature prenne fin suite à la révolution des Œillets, en 1974. Des personnages illustres y furent emprisonnés, tel le bandit Zé do Telhado, surnommé le Robin des Bois portugais, ou l'auteur romantique Camillo Castelo Branco, emprisonné en 1860 en raison de sa relation avec une femme mariée. Il y écrivit en quelques semaines son roman *Amor de Perdição*. Aujourd'hui, les murs épais de cette ancienne prison accueillent le Centre portugais de la photographie qui présente des installations et des expositions temporaires pointues, ainsi que de vastes collections d'appareils photo anciens, retraçant toute l'histoire de la photographie depuis ses débuts.

Largo do Amor de Perdição • ☎ 220 046 300 • www.cpf.pt • Mars-oct. : mar.-ven. 10h-18h, sam.-dim. et j.f. 15h-19h (juil.-août : ouv. aussi lun. 10h-18h) ; nov.-fév. : mar.-ven. 10h-12h30 et 14h-17h, sam.-dim. et j.f. 15h-19h ; f. 1er janv., dim. de Pâques, 1er mai et 25 déc. • Accès libre.

❷ CAPELA DE SÃO JOSÉ DAS TAIPAS★★

La crypte de cette église du XIXe s. abrite les ossements des victimes de la tragédie du *ponte das barcas* (voir p. 32), et c'est à la confrérie de São José das Taipas qu'ont été confiées

Capela de São José das Taipas

les offrandes versées pour la paix des âmes de ces victimes. Un tableau dans l'entrée de l'église illustre cet événement.
Rua das Taipas, 125 • ☎ 933 514 823 • Lun.-ven. 10h30-18h30, sam. 10h-13h • Accès libre.

❸ MOSTEIRO DE SÃO BENTO DA VITÓRIA**

Ce monastère a été construit aux XVIe et XVIIe s. par les moines bénédictins. Le nom de Vitória évoquerait la victoire du christianisme sur la religion juive, qui a longtemps prédominé dans le quartier. Pendant le siège de Porto en 1832 (voir p. 29), ses azulejos furent préventivement retirés, et on peut en admirer certains sur la façade du n° 4 de la rua de São Miguel.
Rua de São Bento da Vitória • ☎ 222 007 283 • Ne se visite pas (sf l'église lors des messes : lun.-ven. à 8h30 et t. l. j. à 18h).

❹ LE QUARTIER JUIF*

Ce quartier juif, qui correspond aux alentours de la rua de São Bento da Vitória, a été créé en 1386 par le roi Dom João I.

Mosteiro de São Bento da Vitória

Les juifs étaient libres de circuler dans la ville et d'y faire commerce, mais ils devaient être de retour dans leur quartier à la nuit tombée, jusqu'à ce qu'en 1496 le roi Manuel I leur ordonne de se convertir ou de quitter le pays. La découverte d'une synagogue cachée dans une maison de la rua de São Miguel montre que certains « nouveaux chrétiens » continuèrent de pratiquer leur religion en cachette.

❺ IGREJA E MUSEU DA MISERICÓRDIA***

La Santa Casa da Misericórdia gère des hôpitaux, hospices, orphelinats et écoles depuis sa fondation en 1498 par la très pieuse reine Dona Leonor. L'église fut construite vers 1550 et rénovée au XVIIIe s. Sa superbe façade baroque en granit sculpté est l'œuvre de Nicolau Nasoni (voir p. 51). Le musée attenant à l'église permet de découvrir la collection d'œuvres d'art sacré de la Santa Casa da Misericórdia, notamment un immense tableau de l'école flamande du XVe s.

Rua das Flores, 5-15 • ☎ 220 906 960 • T. l. j. 10h-18h30 (17h30 oct.-mars) ; vis. guidée sur résa • Entrée : 5 € + 1 € vis. guidée (accès libre à l'église pendant la messe).

❻ RUA DAS FLORES**

Jadis, elle était une ruelle sombre et sinueuse parmi tant d'autres du centre-ville. Devenue piétonne en 2014, elle est aujourd'hui l'une des plus agréables à parcourir du fait de ses nombreuses boutiques et restaurants, mais surtout de sa ferveur artistique : des musiciens s'y installent régulièrement, et tous les compteurs électriques de la rue ont été peints par divers artistes locaux, offrant de véritables œuvres d'art à ciel ouvert !

❼ Pour une pause terroir : Mercearia das Flores

Cette épicerie à l'ancienne vend des produits gourmets, pour la plupart de fabrication locale et biologique. Quelques tables vous invitent à vous asseoir pour déguster une petite salade, un sandwich (4-5 €) ou une assiette de fromages et de charcuterie, ou encore des pâtisseries maison (2-3 €) accompagnées d'un thé, d'un chocolat chaud ou d'un bon verre de vin.

Rua das Flores, 110 • ☎ 222 083 232 • www.merceariadasflores.com • Lun.-jeu. 10h30-21h, ven.-sam. 10h30-22h, dim. 13h-20h30.

8 Miragaia, LÉGENDES ET HISTORE

Boutiques p. 180

Le quartier de Miragaia a une histoire particulière : celle de la princesse Gaia du Xe s., dont la légende raconte qu'elle tomba amoureuse de son ravisseur maure au prix de sa vie... Mais aussi celle de São Pantaleão dont les reliques ont été apportées à Porto en 1453 par des chrétiens arméniens, celle des bateaux construits ici pour aller conquérir le monde, et celle des juifs qui travaillèrent sur ces chantiers navals.

1 PASSEIO E JARDIM DAS VIRTUDES★★★

Promenade publique aménagée au XVIIIe s., le Passeio das Virtudes offre un joli point de vue sur le Douro et les toits de Miragaia. Sa **fontaine** *(chafariz)* du XVIe s. était un lieu de rendez-vous romantique au XIXe s. C'est à cette époque que fut dessiné le jardin : les terrasses paysagées

Jardim das Virtudes

qui épousent la colline sont un véritable enchantement. On peut y voir le plus grand *Ginkgo biloba* du Portugal, planté au XVIIIe s. et haut de 35 m. La bâtisse jaune qui se trouve à l'entrée du jardin abrite des salles d'exposition, une boutique artisanale et le restaurant Arvore doté d'une terrasse en contrebas ouverte sur le jardin.

Rua de Azevedo de Albuquerque (en face des nos 74, 76 et 79) • ☎ 225 320 080 • Jardin : avr.-sept. : t. l. j. 9h-19h ; oct.-mars : t. l. j. 9h-18h • Accès libre.

❸ IGREJA ET PALÁCIO DE SÃO JOÃO NOVO**

Cette église de transition entre classique et baroque date des XVIIe et XVIIIe s. et rappelle celle des Grilos (voir p. 25). À l'intérieur, on admire une belle voûte en pierre au dessus d'un maître-autel en *talha dourada* de 1766. Face à l'église se trouve le palais baroque de São João Novo, des années 1750, que certains attribuent à Nicolau Nasoni, d'autres à António Pereira. D'illustres familles de Porto y vécurent.

Largo de São João Novo, 29 • ☎ 222 051 016 • Église : lun.-ven. 9h-11h et 15h-17h, sam. 15h-18h30 ; accès libre • Le palais ne se visite pas.

❹ IGREJA DE SÃO PEDRO DE MIRAGAIA**

Plusieurs églises se sont succédé en ce lieu depuis le Moyen Âge,

❷ Pour une pause authentique : Taberna Santo António

Ce bistrot de quartier est l'endroit parfait pour vous fondre dans la population locale et tester les plats traditionnels de la région : *pataniscas, tripas à moda do Porto, cozido, bacalhau*... Dona Hermínia est derrière les fourneaux depuis 25 ans, mais c'est son mari qui est en charge de la mousse au chocolat (2,20 €), la meilleure de Porto d'après les amateurs !

Rua das Virtudes, 32 • ☎ 222 055 306 • Mar.-dim. 11h-23h30 (cuisine 12h30-15h et 19h30-22h) • Plats : 6-7 €.

et la version actuelle date des XVIIe et XVIIIe s. À l'intérieur, on peut admirer un superbe chœur en *talha dourada*, ainsi qu'un autel dédié à Santa Rita. Mais le point d'orgue de la visite se trouve à l'étage, avec un triptyque de l'école flamande du XVIe s. et une relique précieusement conservée ici depuis le XVe s. : la main de São Pantaleão, martyr du IVe s., à qui on attribua des pouvoirs miraculeux sur la peste qui sévissait à l'époque. São Pantaleão fut le saint patron de Porto pendant près de 500 ans.
Largo de São Pedro de Miragaia • ☎ 222 007 618 • Mar.-sam. 15h30-19h, dim. 10h-11h30 • Accès libre.

❺ WORLD OF DISCOVERIES*

Ce musée et parc thématique retrace la fantastique odyssée des navigateurs portugais partis sur les océans à la découverte d'un monde inexploré. La visite d'environ 1h est interactive, ludique pour les enfants, intéressante pour les plus grands, dans un décor merveilleux où tout est pensé dans les moindres détails. Possibilité de prolonger l'expérience au restaurant du musée avec un buffet de spécialités des anciennes colonies portugaises.
Rua de Miragaia, 106 • ☎ 220 439 770 • www.worldofdiscoveries.com • Lun.-ven. 10h-18h, sam.-dim. et j.f. 10h-19h ; f. 1er janv. et 25 déc. • Entrée : 14 € (11,90 € en ligne).

Igreja de São Pedro de Miragaia

❻ ALFÂNDEGA NOVA E MUSEU DE TRANSPORTES E COMMUNICAÇÕES**

Construit dans les années 1860 à l'emplacement même des chantiers navals d'où partirent les navires de l'Infant Henrique pour son expédition à Ceuta, ce bâtiment des douanes était devenu nécessaire avec l'essor des échanges commerciaux, notamment du porto. Transformé en 1991 en centre de congrès, il accueille aussi des expositions temporaires et un musée des transports où l'on peut voir une collection de voitures anciennes. Au 1er étage, on observe une esquisse en noir et blanc de l'œuvre *Ribeira Negra* (voir p. 30) de Júlio Resende (en accès libre).

Rua Nova da Alfândega • ☎ 223 403 000 • www.amtc.pt • Mar.-ven. 10h-13h et 14h-18h, sam.-dim. et j.f. 15h-19h • Entrée musée + expositions : 7,50 €.

❼ ESCADAS DO MONTE DOS JUDEUS**

Il est agréable de se perdre dans les ruelles et escaliers de ce quartier afin de s'imprégner de son atmosphère préservée. Les juifs y étaient nombreux jusqu'au XIVe s. et beaucoup travaillaient sur les chantiers navals. Au passage, vous pourrez admirer plusieurs fontaines, dont la Chafariz da Colher, une des plus anciennes de la ville (1629), qu'il vous faudra peut-être un peu chercher, car elle est coincée entre un mur et une maison (rua de Miragaia, 138).

À la conquête du monde

L'**Infant Henrique,** natif de Porto, est à l'origine de la formidable expansion coloniale portugaise. Il rêvait d'ouvrir une **nouvelle route des épices** et a mis au service de ce rêve toute sa fortune ainsi que celle de l'ordre du Christ dont il est devenu gouverneur en 1420. La **conquête de Ceuta** en 1415 par Henrique le Navigateur marqua le point de départ de plus d'un siècle d'exploration des mers par les navigateurs portugais. L'Infant s'entoura des plus grands savants dans le domaine de la navigation. Ils mirent au point la **caravelle,** l'embarcation de toutes les grandes découvertes et firent progresser la manière de naviguer en dessinant de nouvelles cartes des mers et du ciel. De nouvelles mers étaient traversées, des caps dépassés, des bouts de terre découverts : Madère (1419), les Açores (1427), le cap Bojador (1434), le cap Vert (1444), le cap de Bonne-Espérance (1488, par Bartolomeu Dias), puis la route des Indes (1498, par Vasco da Gama) et le Brésil (1500, par Pedro Álvares Cabral).

9 Palácio de Cristal, ARTS ET JARDINS

Restos & bistrots p. 120 | Boutiques p. 180

Porto est aussi une ville d'art, et c'est particulièrement visible dans ce quartier : peinture et sculpture des XIXe et XXe s. au Museu Nacional de Soares dos Reis, galeries d'art contemporain de la rua de Miguel Bombarda, art des jardins au Palácio de Cristal. Cette visite nous plonge également dans le XIXe s. avec la découverte d'une maison de la haute bourgeoisie (le Museu Romântico), à une époque où le chemin de fer se développait dans la vallée du Douro et où le tramway arrivait à Porto.

❶ MUSEU NACIONAL DE SOARES DOS REIS**

Un musée national

Premier musée public du pays consacré aux arts, il a été fondé en 1833, et fut très vite destiné à recueillir les biens confisqués aux couvents de Porto et de ses environs lors de l'interdiction des ordres religieux ordonnée par Dom Pedro IV en 1834. C'est en 1911 qu'il prit le nom du célèbre sculpteur auquel tout une partie du musée est dédiée. En 1940, il fut transféré dans le Palácio dos Carrancas, dont le bâtiment néoclassique avait été, plus d'un siècle plus tôt, le théâtre des invasions napoléoniennes.

O Desterrado (Le Banni)

Sculpture

António Soares dos Reis (1847-1889) est à l'honneur dans la galerie des sculptures. Son chef-d'œuvre, *O Desterrado* (Le Banni), sculpté à Rome en 1872, fut primé à diverses reprises. Ne manquez pas non plus le visage tourmenté de Caïn dans l'œuvre *Infância de Caim* d'António Teixeira Lopes, ainsi qu'un sarcophage romain du IIIe s., dont la frise sculptée est remarquablement conservée.

Peinture naturaliste

Parmi les 2 500 tableaux du musée, c'est la peinture naturaliste portugaise du XIXe s. qui est la plus représentative, avec des œuvres d'António Carvalho da Silva Porto, dont le tableau *Um campo de trigo* (Un champ de blé) est considéré comme le précurseur de ce courant artistique au Portugal. On admire aussi celles de João Marques de Oliveira, Henrique Pousão, du poète et peintre António Carneiro et d'Aurélia de Sousa, dont l'autoportrait saisissant est une œuvre de référence dans l'art portugais au tournant du XXe s.

Arts décoratifs

Le musée possède une importante collection de faïences, surtout portugaises, avec quelques pièces de Delft et de porcelaine chinoise. Mais c'est dans le mobilier que l'influence étrangère est la plus remarquable, notamment celle des anciens comptoirs portugais en

Inde et au Japon, avec par exemple une paire de paravents japonais du XVIIe s., illustrant le débarquement d'un navire portugais dans ce pays.

Rua Dom Manuel II, 44 • Bus 200, arrêt Hosp. St. António • ☎ 223 393 770 • www.museusoaresdosreis.pt • Mar.-dim. 10h-18h ; f. 1er janv., dim. de Pâques, 1er mai et 25 déc. • Entrée : 5 € (gratuit 1er dim. du mois).

❷ RUA DE MIGUEL BOMBARDA★★

Une vingtaine de galeries d'art contemporain sont regroupées dans un même quartier comprenant les rues de Miguel Bombarda,

❸ Pour une pause branchée : BUGO The Art Burger

Plaisir des papilles et des pupilles dans ce restaurant de hamburgers. La présentation est artistique, et le menu créatif, avec un choix de burgers au bœuf, au saumon, au thon, ou végétariens, proposés avec ou sans pain : les compositions présentées sont avant tout extrafraîches et délicieuses !

Rua de Miguel Bombarda, 598 • ☎ 226 062 179 • http://bugo.com.pt • Lun.-ven. 12h-15h et 19h30-23h (minuit ven.), sam. 12h30-16h et 19h30-minuit • Burgers : 7-13,50 € • Résa fortement conseillée le w.-e.

Rosário et Manuel II, et organisent, tous les 2 mois, un vernissage simultané de leurs nouvelles expos. Ces jours-là sont de véritables fêtes, à partir de 16h et jusque tard dans la nuit, auxquelles se joignent tous les commerçants et habitants du quartier dans une ambiance bohème.

Facebook : Rua Miguel Bombarda, Porto Art District.

❹ JARDIM DO PALÁCIO DE CRISTAL★

Cet ensemble de jardins tient son nom de l'ancien palais construit ici en 1865 à l'identique du Cristal Palace londonien. Détruit par le feu en 1951, il fut remplacé par la structure actuelle dotée d'une vaste coupole, le **Pavilhão Rosa Mota,** qui accueille aujourd'hui des foires-expositions et des événement sportifs. Les jardins qui l'entourent, dessinés au XIXe s. par le paysagiste allemand Emile David, offrent une échappée romantique, avec des sources et des statues allégoriques disséminées au milieu d'une végétation luxuriante.

Rua Dom Manuel II • ☎ 225 320 080 • Avr.-sept. : t. l. j. 8h-21h ; oct.-mars : t. l. j. 8h-19h • Accès libre.

❺ MUSEU ROMÂNTICO★★

Ce musée est la reconstitution d'une maison bourgeoise du XIXe s. Mobilier, tableaux et table dressée avec de la vaisselle fine contribuent à faire revivre l'atmosphère romantique et bucolique de

Museu Romântico

l'époque, avec une vue sur le Douro qui invite au spleen et à la poésie. Carlos Alberto, ancien roi de Piémont et de Sardaigne en exil à Porto, y mourut en 1849.

Quinta da Macieirinha • Rua de Entre-Quintas, 220 • ☎ 226 057 032 • Lun.-sam. 10h-17h30, dim. 10h-12h30 et 14h-17h30 ; f. j.f. • Entrée : 2,20 € (gratuit sam.-dim.).

❻ MUSEU DO VINHO DO PORTO★

Ce musée présente l'évolution de la vallée du Douro, son essor grâce au chemin de fer et son impact sur le développement de la ville. Les explications affichées en anglais et en portugais ne remplacent cependant pas la visite d'un chai (voir p. 79), où l'on vous expliquera concrètement le processus de fabrication et de vinification du porto. Voir aussi p. 82.

Rua de Monchique, 45-52 • ☎ 222 076 300 • Mar.-sam. 10h-17h30, dim. 10h-12h30 et 14h-17h30 ; f. j.f. • Entrée : 2,20 € (gratuit sam.-dim.).

❼ IGREJA DO CORPO SANTO DE MASSARELOS★★

Cette église, qui arbore sur sa façade arrière la croix des chevaliers de l'ordre du Christ, appartient à une confrérie fondée en 1394 par des marins rescapés d'une tempête terrible. La puissance de cette confrérie de Porto – elle avait des activités bancaires et commerciales, et possédait des navires protégeant la côte des pirates – se ressent dans la richesse des ornements intérieurs de l'église, construite à la fin du XVIIIe s.

Largo do Adro • ☎ 220 185 665 • Horaires variables • Accès libre.

❽ MUSEU DO CARRO ELÉCTRICO★★

Porto fut une pionnière dans la péninsule Ibérique en matière de transport public, avec un premier tramway tiré par des chevaux dès 1872, puis électrifié en 1895. Ce musée permet de voir de belles voitures anciennes, mais aussi la centrale où est produite l'électricité qui alimente tous les tramways de la ville. Impressionnant !

Alameda de Basílio Teles, 51 • ☎ 226 158 185 • www.museudocarroelectrico.pt • Lun. 14h-18h, mar.-dim. et j.f. 10h-18h ; f. 1er janv., 24 déc. l'après-midi et 25 déc. • Entrée : 8 €.

10 Casa da Música ET BOAVISTA

Restos & bistrots p. 121 | Bars & clubs p. 161

Au-delà des avenues résidentielles et du quartier des affaires toujours en mouvement de Boavista, cette visite vous mènera vers des sphères artistiques en vous faisant découvrir la magnifique Casa da Música et les jardins de la poétesse Sophia de Mello Breyner Andresen, mais aussi une immense synagogue, une église médiévale et même un cimetière.

❶ CASA DA MÚSICA★★★

Reconnue internationalement comme l'une des plus belles réalisations de Rem Koolhaas, et considérée par le *New York Times* comme « l'une des plus importantes salles de concerts construites ces cent dernières années », la Casa da Música fait la fierté des Portuenses et le bonheur des mélomanes.

Un défi architectural

Lorsqu'ils ont vu le projet, avec ses gigantesques murs en béton aux inclinaisons audacieuses, les entrepreneurs ont commencé par dire qu'il était irréalisable. Le défi a pourtant été relevé avec succès, et l'édifice a été inauguré en 2005.

Tradition et modernité

Ce bâtiment ultramoderne est truffé de références subtiles à l'architecture locale : les orgues à tuyaux ornés de *talha dourada* rappellent le baroque omniprésent à Porto, et les azulejos noirs et blancs de la salle Renascença sont inspirés de ceux que l'on peut voir sur certaines façades depuis le XIXe s. Ceux de la splendide salle VIP, surtout, établissent un lien entre le Portugal et les Pays-Bas, pays d'origine de Rem Koolhaas : c'est sous l'influence hollandaise qu'au XVIIe s. les azulejos sont devenus bleus au Portugal.

Un son presque parfait

La salle de concert Suggia, ainsi baptisée en hommage à la violoncelliste Guilhermina Suggia (1885-1950), est reconnue pour l'excellence de son acoustique. Le revêtement en pin des murs et du plafond, les vitres incurvées à l'image des ondes qu'elles reflètent et l'absence de fosse d'orchestre permettent d'atteindre un temps de réverbération presque idéal (d'environ 2 secondes), et un son extrêmement clair et distinct, notamment dans les notes les plus aigües.

La « maison de la musique »

L'Orchestre symphonique de Porto est chez lui à la Casa da Música, qui héberge aussi un orchestre baroque, un autre de musique contemporaine, un chœur ainsi que de jeunes compositeurs.

Autour de la salle Suggia, qui peut accueillir 1238 personnes, gravitent d'autres salles de concerts plus petites et modulables, des salles de répétition, un restaurant, deux bars, une terrasse et une salle VIP, sans oublier le Sonorium, un instrument virtuel électronique qui offre aux visiteurs une expérience musicale originale.

Avenida da Boavista, 604-610 • Bus 201, arrêt Agramonte • ☎ 220 120 220 • www.casadamusica.com • Vis. guidée t. l. j. en anglais ou portugais à 11h et 16h (durée : 1h) • Entrée : 7,50 €.

❷ JARDIM DA ROTUNDA DA BOAVISTA*

Au centre de ce jardin romantique planté d'arbres centenaires se dresse une colonne de 45 m, œuvre de l'architecte Marques da Silva, à la mémoire des héros des guerres péninsulaires qui ont vu par trois fois les troupes napoléoniennes envahir le Portugal (voir p. 29). À son sommet, l'aigle impérial de Napoléon est terrassé par le lion royal anglais, et sa base souligne le rôle joué par les femmes, porte-drapeaux de cette lutte pour la liberté.

Praça de Mouzinho de Albuquerque.

❸ IGREJA DE SÃO MARTINHO DE CEDOFEITA*

Cette église romane du XIe s. aurait à l'origine été construite au VIe s. par le roi suève Théodomir, conformément au serment qu'il avait fait de se convertir au christianisme si son fils guérissait de la peste. Les reliques de saint Martin de Tours, auxquelles on attribua cette guérison miraculeuse, sont conservées dans un reliquaire visible dans la nouvelle église de Cedofeita située juste à côté.

Largo do Priorado • M° Carolina Michaelis • ☎ 222 000 635 • Lun.-ven. 8h30-10h et 18h30-19h30, sam. 8h30-10h et 15h-19h30, dim. 8h30-13h et 19h-20h30 • Pour visiter l'église romane, s'adresser au secrétariat de la nouvelle église, mar.-ven. 16h-19h, ou téléphoner.

❹ Pour une pause gourmet : Mercado Bom Sucesso

Ce marché des années 1940 a été totalement relooké en foire culinaire pour accueillir le meilleur de la gastronomie portugaise. Charcuterie, fromages, *pesticos* traditionnels et pâtisseries artisanales sont proposés au fil des stands, où l'on peut satisfaire à la fois gourmandise et curiosité en goûtant par exemple « le meilleur *rissol* du monde » (chausson à la viande ou aux crevettes), ou bien un *pastel de bacalhau com nata* (flan à la morue).

Praça Bom Sucesso, 132 • ☎ 226 056 610 • http://mercadobomsucesso.com • T. l. j. 10h-23h (minuit ven.-sam.), vente de produits lun.-sam. 9h-20h • Plats (midi) : environ 7-16 €.

❺ CEMITÉRIO DE AGRAMONTE**

Les cimetières au Portugal, fleuris et soignés, sont loin d'être lugubres. Porto a ouvert des cimetières publics dès 1833, pour inhumer les victimes d'une épidémie de choléra et du siège de Porto (voir p. 29). Celui d'Agramonte mérite qu'on s'y attarde au milieu de tombes parfois richement décorées et parmi les statues de sculpteurs renommés, comme Soares dos Reis ou Teixeira Lopes. À voir en particulier, un monument en hommage à la centaine de victimes qui périrent dans l'incendie du théâtre de Baquet, le 21 mars 1888.

Rua de Agramonte, 136 • ☎ 226 066 604 • T. l. j. 8h30-16h45 • Accès libre.

Sinagoga Kadoorie Mekor Haim

❻ SINAGOGA KADOORIE MEKOR HAIM**

L'histoire de cette synagogue, l'une des plus grandes d'Europe, est liée à celle du capitaine Barros Basto. Héros de la Première Guerre mondiale, il créa en 1923 la Communauté israélite de Porto ainsi qu'une école judaïque pour les descendants des juifs convertis de force au XVe s. (voir p. 58), ce qui lui valut d'être écarté de l'armée en 1937 et de mourir dans la misère. Ce lieu de culte a été inauguré en 1938, en plein essor du nazisme, juste à côté de l'école allemande de Porto...

Rua Guerra Junqueiro, 340 • ☎ 911 768 589 • Lun.-ven. 9h30-12h30 et 14h30-17h30 • Entrée : 5 €.

❼ JARDIM BOTÂNICO**

Le Jardin botanique s'est installé en 1951 dans cette magnifique propriété où a grandi Sophia de Mello Breyner Andresen, l'une des plus importantes poétesses portugaises du XXe s. Il fait bon flâner dans cette bulle de verdure pleine de poésie. Bien que le plaisir soit un peu gâché par le bruit de l'autoroute toute proche, ne manquez pas le Jardin des succulentes, vraiment délicieux !

Rua do Campo Alegre, 1191 • Accès par les lignes de bus 200, 204, 207 et 504 • ☎ 933 086 492 • http://jardimbotanico.up.pt • Lun.-ven. 9h-17h, sam.-dim. et j.f. 10h-18h • Accès libre ; vis. guidée gratuite le w.-e. à 11h30 et 15h30, s'inscrire 30 min avant.

11 Foz do Douro ET LE FRONT DE MER

Restos & bistrots p. 124 | Bars & clubs p. 161 | Boutiques p. 181

Direction les plages, promenades et parcs en bord de mer pour cette visite, car Porto est aussi une ville océane. *Foz* signifie « embouchure » en portugais : c'est là que le Douro rejoint l'Atlantique, et c'est aussi le nom du quartier le plus chic et le plus résidentiel de la ville. L'occasion de découvrir le musée d'Art contemporain dans le parc d'une superbe demeure Art déco. Pour vous rendre à Foz do Douro, utilisez la ligne de tramway 1 jusqu'au terminus ou les lignes de bus 500 (elle longe la côte !), 200, 203, 204 ou 207.

❶ FUNDAÇÃO DE SERRALVES***

Si, de façon générale, les expositions d'art contemporain peuvent être parfois déroutantes, elles sont ici formidablement mises en valeur grâce au somptueux musée réalisé par le grand architecte portugais Álvaro Siza Vieira et inauguré en 1999. Il faut prévoir du temps pour prolonger cette visite culturelle par une promenade dans le splendide parc et par un tour dans l'ancienne demeure du comte de Vizela, exemple unique au Portugal de bâtiment Art déco des années 1930.

La Casa de Serralves

C'est le comte de Vizela qui fit construire cette maison Art déco entre 1925 et 1944. Ce riche industriel, qui voyageait beaucoup et s'intéressait aux nouveautés artistiques, fit appel, aux côtés de Marques da Silva, à des designers rencontrés à Paris tels René Lalique, dont on peut admirer une claire-voie au plafond, et Edgar Brandt, auteur d'une belle porte en fer forgé. Il faut franchir la porte de cette maison à la surprenante façade rose. Bien qu'il ne reste rien de son mobilier, on est saisi par le raffinement de cet intérieur aux lignes si pures, par la délicatesse de ses éléments décoratifs, et par la proportion des pièces inondées de lumière grâce à des baies vitrées donnant sur le jardin. Des expositions temporaires y sont parfois organisées. La salle de bains en marbre rose mérite le détour.

Le parc

Écrin de cette maison, le parc de 18 ha est composé de différents espaces : bois, zone agricole, roseraie, allées de buis. La partie Art déco de ces jardins a été conçue entre 1932 et 1940 par Jacques Gréber. Le parc constitue un espace privilégié d'exposition de sculptures de la Fundação de Serralves.

Le musée d'Art contemporain

Le domaine fut racheté en 1987 par l'État, qui créa la Fundação de Serralves pour y accueillir le musée. Álvaro Siza Vieira a conçu le bâtiment, qui s'insère parfaitement dans le parc, omniprésent à l'intérieur même de l'édifice grâce à de larges ouvertures, créant un espace lumineux qui met en valeur les productions d'artistes

Fundação de Serralves

contemporains. Pensez à aller voir la bibliothèque illuminée de lampes en suspension telles des bulles de savon colorées.

Rua D. João de Castro, 210 • Bus 207 ou 203 depuis Foz ou bien 203 depuis M° Casa da Música • ☎ 226 156 500 • www.serralves.pt • Avr.-sept. : lun. et mer.-ven. 10h-19h (parc ouv. le mar.), sam.-dim. 10h-20h ; oct.-mars : lun. et mer.-ven. 10h-18h, sam.-dim. 10h-19h ; f. 1er janv. et 25 déc. • Musée + parc et maison : 10 € ; parc et maison : 5 € ; gratuit le 1er dim. du mois 10h-13h.

❷ MARGINAL DA FOZ DO DOURO★★★

Cette promenade délicieuse d'environ 4,5 km à partir du **Jardim de António Calém** (rua das Sobreiras, 31), qui abrite un monument aux expéditions de Ceuta de 1415, vous mène le long du fleuve puis de la mer jusqu'au Castelo do Queijo. Vous passez par la **statue de l'ange Gabriel** offerte à la ville de Porto en 2001 par la sculptrice Irene Vilar, le **phare de São Miguel-o-Anjo** du XVIe s., l'un des plus anciens d'Europe, et le Jardim de Passeio Alegre.

❸ JARDIM DE PASSEIO ALEGRE★★

Ce charmant jardin a été dessiné fin XIXe par le paysagiste allemand Emile David. Il est bordé de somptueuses maisons et d'une allée de hauts palmiers à travers laquelle on peut admirer l'estuaire du Douro. Sa fontaine et ses deux obélisques sont

❹ Pour une pause zen : Praia da Luz

Les canapés, chaises longues et parasols alignés face à la mer sont une invitation à une pause prolongée… Vous pouvez vous y restaurer de snacks et de petits plats simples mais bons. Le *chocolate com nata* (3,50 €), délicieusement crémeux, y est particulièrement recommandé, ainsi que la *francesinha especial* (8,50 €), accompagnée d'une bière à l'heure du coucher du soleil !

Avenida do Brasil • ☎ 226 173 234 ou 936 173 234 • www.praiadaluz.pt • T. l. j. 9h-2h • Plat du jour : 8-15 €.

signés Nicolau Nasoni. Dans le prolongement de ce jardin, le **fort de São João Baptista** protège Porto depuis le XVIe s.
Rua do Passeio Alegre • T. l. j. 24h/24 • Accès libre.

❺ CASTELO DO QUEIJO★★

Cette petite fortification défensive du XVIIe s. doit son nom de « château du Fromage » à la forme du rocher sur lequel elle repose, un rocher dont une tribu celte aurait fait un lieu sacré au VIe s. av. J.-C. Occupé en 1834 par les troupes de Dom Miguel (voir p. 29), ce fort magnifiquement conservé accueille aujourd'hui un petit musée militaire et donne un point de vue sur les plus beaux couchers de soleil de la ville !
Praça Gonçalves Zarco • ☎ 226 181 067 • Mar.-dim. 13h-17h • Entrée : 0,50 €.

❻ SEA LIFE★

Cet aquarium de taille modeste est une bonne option pour les jeunes enfants. On peut notamment y voir des requins et des raies, toujours impressionnants, et quelques espèces en voie de disparition, à l'allure parfois cocasse et aux drôles de noms : raie-museau-de-vache, crabe-fer-à-cheval, concombre-de-mer...
Rua Particular do Castelo do Queijo, 1A • ☎ 226 190 400 • www.visitsealife.com • Lun.-ven. 10h-18h, sam.-dim. 10h-19h, f. 25 déc. • Entrée : 13 € (10,95 € en ligne).

Castelo do Queijo

❼ PARQUE DA CIDADE★★★

Les 83 ha du parc de la Ville ont été dessinés par l'architecte Sidónio Pardal et superbement aménagés entre 1993 et 2002, avec des lacs qui attirent de nombreux oiseaux, un adorable écovillage, sans oublier le **Pavilhão da Água,** qui fait le bonheur des scientifiques en herbe. Le parc descend jusqu'à la mer et... son « anémone », œuvre gigantesque de l'Américaine Janet Echelman intitulée *She Changes* (2004).
Entrées : avenida da Boavista, avenida do Parque, beco das Carreiras, estrada Norte, via do Castelo do Queijo • ☎ 225 320 080 ou 222 097 246.
Parc : avr.-sept. : t. l. j. 8h-minuit ; oct.-mars : t. l. j. 8h-22h • Accès libre.
Pavilhão da Água : ☎ 226 151 820 • www.pavilhaoda agua.com • Lun.-ven. 9h30-12h30 et 14h-17h, sam. 10h-12h30 et 14h-17h30 ; f. j.f. • Entrée : 3,60 €.

Porto, ville sportive

Si le dynamisme d'une ville se mesure aux sports qu'on y pratique, alors Porto ne manque pas de vitalité. Le football y a la part belle, comme dans tout le pays, et le Football Club de Porto rivalise avec les plus grands clubs européens. Mais d'autres activités font de plus en plus d'adeptes, et la douceur du climat ainsi que la situation de la ville au bord de l'Océan permettent toute l'année course à pied, vélo, surf et sports nautiques.

LE FOOT, UNE PASSION PARTAGÉE

Le football est une passion au Portugal, certains diront même une religion dans ce pays pourtant si catholique. Les jours de match, Porto se pare de bleu pour supporter son équipe de foot dans un championnat qui cristallise la rivalité entre les deux clubs de la capitale (Benfica et le Sporting). Des tribunes de l'**Estadio do Dragão** se dégage une ferveur contagieuse dans une ambiance familiale et bon enfant. Sans oublier le deuxième club de la ville, Boavista, au damier blanc et noir, vainqueur du championnat en 2000.

COURIR

Porto a son **marathon,** début novembre : environ 5 000 coureurs s'alignent au départ d'un parcours qui longe la mer et les quais du Douro sur ses deux rives dans une ambiance festive (voir p. 17). Le site se prête à de nombreuses courses, comme la **Corrida da Mulher** (exclusivement féminine !), la **Color Run** (la plus colorée...), **Porto a Subir** (de la Ribeira jusqu'à la Sé) et le **Meo**

Matosinhos

Si l'envie vous prend de piquer une tête dans les environs de Porto, prenez le métro (ligne bleue) pour rejoindre Matosinhos. Plus visitée pour ses plages que pour son héritage culturel ou architectural, Matosinhos est néanmoins considérée comme une destination de choix pour ses **restaurants,** réputés pour la fraîcheur de leurs produits de la mer, le poisson provenant directement du port industriel voisin (pour notre sélection de restaurants, voir p. 131). Si les activités maritimes vous attirent davantage que le tourisme gustatif et que la température de la mer est trop fraîche à votre goût, foncez à la sublime **Piscina das Marés,** un complexe de deux piscines d'eau salée aménagé à même la plage de Leça da Palmeira, en plein milieu des rochers, par Álvaro Siza Vieira.

Piscina das Marés : M° Mercado, puis traversez le pont en direction de la plage • Mi-juin à mi-sept. : t. l. j. 9h-19h • Entrée : 4-8 €.

Urban Trail (course nocturne dont le parcours passe par l'intérieur même des caves de Vila Nova de Gaia).

Surfeurs sur la plage de Matosinhos

SURFER

La plage de **Matosinhos** accueille les surfeurs toute l'année. Ses vagues n'atteignent pas la hauteur de celles surfées à Nazaré (30 m !), mais elles permettent aux adeptes d'avoir de bonnes sensations les jours de houle. Bodyboarders et kytesurfers apprécient également le spot. Attention toutefois, l'eau est froide, une combinaison est de rigueur été comme hiver !

NAVIGUER

Les **sports nautiques,** notamment la voile, occupent une place de choix. Que ce soit sur l'Océan - au large de Foz, Matosinhos et Leça da Palmeira - ou bien dans l'embouchure du Douro, il est rare qu'il n'y ait pas au moins une petite brise qui permette de hisser les voiles, ce qui donne lieu, certains jours, à un véritable ballet de catamarans, d'Optimist et autres gréements.

Informations pratiques

Foot : Estádio do Dragão : via Futebol Clube do Porto (HP par F1) • ☎ 225 570 418 • www.fcporto.pt • Musée : lun. 14h30-19h, mar.-dim. 10h-19h • Entrée : stade 8 € ; musée 12 € ; stade + musée : 15 €. Estádio de Braga : Parque Norte Ap. 12, Monte Castro, Dume • ☎ 253 206 860 • www.scbraga.pt • Vis. guidée lun.-ven. à 10h30 et 15h30, sam. sur résa • Entrée : 6 €.

Course à pied : Runporto : ☎ 220 304 726 • www.runporto.com • The Color Run : www.thecolorrun.pt/locais.php • Meo Urban Trail : www.meourbantrail.pt

Vélo : North Road : rua do Infante Dom Henrique, 117 A (H8) • ☎ 309 968 534 • www.northroad.pt • Blue Dragon : avenida Gustavo Eiffel, 280 (I8) • ☎ 935 541 466 • www.portorentabike.com • 6 €/2h, 60 €/semaine.

Surf : location de matériel (5 €/h, 10 € avec la combi) et initiation au surf en cours individuels (25 €) ou collectifs (15 €) : Surfaventura, Praia de Matosinhos • ☎ 229 372 237 • www.surfaventura.com • Également possibilité de vous essayer aux bodyboard, longboard, stand up paddle et planche à voile.

12 Vila Nova DE GAIA

Restos & bistrots p. 130

Il faut traverser le Douro pour découvrir sur l'autre rive une nouvelle perspective, la plus belle sans doute, sur la Ribeira et les collines. Vous voici à Vila Nova de Gaia, la cité rivale et jumelle de Porto, qui concentre tous les chais du précieux breuvage apprécié partout dans le monde, mais qui jouit également d'un patrimoine artistique et culturel formidable.

❶ MOSTEIRO DA SERRA DO PILAR★★★

Cet ancien couvent abrite une église et un cloître des XVIe et XVIIe s., à la forme circulaire unique dans la péninsule Ibérique. Sa position dominante, qui offre un panorama splendide, a été d'un grand intérêt stratégique. Il n'est donc pas surprenant qu'il ait été transformé en caserne. La montée en haut du dôme se fait d'ailleurs sous bonne escorte.

Largo de Aviz • ☎ 220 142 425 • Mar.-dim. 10h-18h30 (17h30 nov.-mars) ; f. 1er janv., dim. de Pâques, 1er mai et 25 déc. • Vis. guidée + montée en haut du dôme à 10h30, 11h30, 12h30, 14h30, 15h30 et 16h30 (également 17h30 avr.-oct.) • Entrée cloître + expo : 1 € ; vis. guidée + dôme : 3 €.

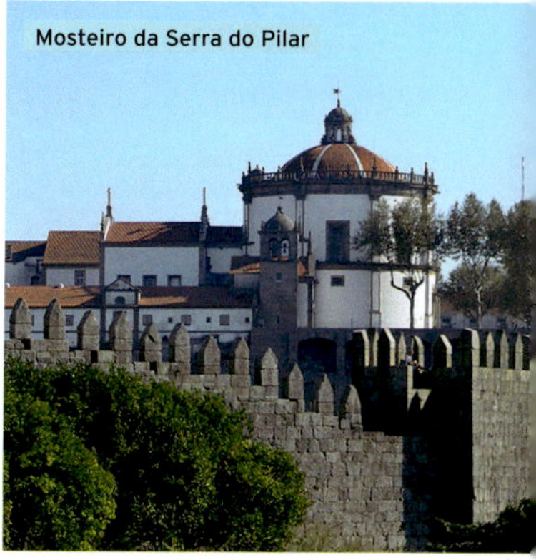
Mosteiro da Serra do Pilar

❷ *RABELOS*★★

Les *rabelos* sont les bateaux qui assuraient le transport du porto entre la vallée du Douro, lieu de production, et Vila Nova de Gaia, lieu de stockage. Aujourd'hui ces embarcations se sont reconverties en offrant d'agréables minicroisières pour découvrir les six ponts de Porto.

Départ avenida Diogo Leite (ou bien en face, praça da Ribeira) • Voir p. 195 pour les informations pratiques.

Rabelo sur le Douro

❸ VISITER UN CHAI★★★

Parmi la soixantaine de maisons présentes à Vila Nova de Gaia, une quinzaine propose la visite guidée de leur chais suivie d'une dégustation de deux vins (compter 10-12 € et 1h de visite).

Taylor's

Fondée en 1692, elle est l'une des plus anciennes. Cette maison est surtout reconnue pour ses Vintage et LBV (voir p. 83).

Rua do Choupelo, 250 • ☎ 223 772 956 • www.taylor.pt • T. l. j. 10h-18h30 (19h30 avr.-nov.) ; f. 1er janv. et 25 déc.

Cálem

Fondée en 1859, Cálem propose une visite guidée bien conçue et en français. Son porto blanc est remarquable. Des concerts de fado y ont également lieu.
Avenida Diogo Leite, 344 • ☎ 223 746 660 • www.calem.pt • T. l. j. 10h-18h (19h mai-oct.) • Fado : mar.-dim. à 18h30 (18h nov.-mars), 17,50€.

Ferreira

Depuis plus de 260 ans, Ferreira produit des portos de haute qualité fort appréciés des Portuenses.
Avenida Ramos Pinto, 70 • ☎ 223 746 106/107 • www.sograpevinhos.com • T. l. j. 10h-12h et 14h-18h.

Churchill's

Créé en 1981 par John Graham (descendant de la maison Graham), Churchill's est la cave la plus récente. Ses portos sont fermentés plus longtemps et comportent un peu moins d'eau de vie que les autres.
Rua da Fonte Nova, 5 • ☎ 223 703 641 • www.churchills-port.com • Lun.-sam. 9h30-18h.

❹ CONVENTO CORPUS CHRISTI★★★

Fondé en 1345, le couvent de Corpus Christi s'installa en ce lieu au XVIIe s. et abrita des sœurs dominicaines jusqu'en 1834. Ne manquez pas l'église octogonale, ni la sale capitulaire à l'étage, avec ses stalles sculptées et un spectaculaire plafond à caissons. Le couvent propose régulièrement des expositions.
Largo de Aljubarrota, 13 • ☎ 223 773 190 • Mar.-dim. 10h-18h ; f. 1er janv., 1er mai et 25 déc. • Accès libre.

❺ IGREJA DE SANTA MARINHA★★

Cette église du XVIe s. a été

❻ Pour une pause avec vue : Terrasse Lounge 360° de l'Espace Porto Cruz

Pas de plus bel endroit pour déguster un verre de porto les jours de beau temps ! La terrasse surplombe le Douro et offre une vue à couper le souffle sur les ponts de la ville et ses *rabelos*. De mai à septembre, on peut y déjeuner, profiter des soirées Festa Sunset le mercredi, animées par un DJ (dès 19 h), ou de la musique live le jeudi soir (dès 22 h).

Largo de Miguel Bombarda, 23 • ☎ 220 925 340 / 220 925 401 • www.myportocruz.com • Terrasse : mar.-jeu. 12h30-minuit, ven.-sam. 12h30-1h30, dim. 12h-19h • Restaurant : mar.-sam. 12h30-15h et 19h30-23h, dim. 12h30-15h • Plats : 12-20 €.

Portugal in a Bottle (jardins de la Quinta da Boeira)

reconstruite en 1745 par Nicolau Nasoni. On remarque sur sa façade une représentation de la Vierge couronnée. Au moment de la restauration de l'indépendance du Portugal vis-à-vis de l'Espagne en 1640, la Vierge, Nossa Senhora da Conceição, fut proclamée reine du pays par Dom João IV, et aucun monarque portugais n'a de fait porté la couronne depuis.

Largo Santa Marinha • ☎ 223 752 862 • Lun.-sam. 10h-11h et 14h-17h, dim. 9h-11h • Accès libre pendant les heures de culte.

❼ PORTUGAL IN A BOTTLE*

C'est dans les superbes jardins de la Quinta da Boeira que se trouve la plus grande bouteille du monde (32 m de long !) : on y pénètre pour voir un film en 3D sur les principales régions viticoles du pays, puis déguster un verre de porto. Les week-ends d'été, des manifestations sont organisées pour faire découvrir des produits régionaux.

Rua Teixeira Lopes, 114 • ☎ 223 751 338 • www.boeiraportugalinabottle.com • Mai-sept. : jeu.-sam. 15h-22h, dim. 14h-20h • Entrée : 12 €.

❽ CASA MUSEU TEIXEIRA LOPES**

La demeure d'António Teixeira Lopes (1866-1942), fils de José Joaquim Teixeira Lopes, considéré comme le plus grand sculpteur portugais de tous les temps, en impose par sa taille, l'omniprésence du marbre et le nombre d'œuvres exposées. Une partie du musée est consacrée à un autre sculpteur, Diogo de Macedo (1889-1959).

Rua Teixeira Lopes, 32 • ☎ 223 751 224 • Mar.-ven. 9h-12h30 et 14h-17h, sam. 9h-12h et 14h-17h, dim. 10h-12h et 14h-17h ; f. certains j.f. • Accès libre.

Le porto

Techniques de vinification et méthodes de conservation font du porto un vin doux, aux arômes subtils et variés. Blanc, ruby, tawny, LBV ou vintage : c'est à Vila Nova de Gaia que tout se décide et qu'il se bonifie doucement. Les Anglais ont su apprécier les premiers ce nectar, et ont contribué à ce qu'il soit maintenant consommé dans le monde entier.

UN VIN MUTÉ

Ce sont les **Anglais** qui auraient eu l'idée, au XVIIe s., d'ajouter du **brandy** dans les tonneaux pour conserver, durant le trajet, le vin qu'ils faisaient venir du Douro. Le résultat fut apprécié : le porto était né ! Le **mutage** consiste ainsi à interrompre la fermentation naturelle du jus de raisin : lorsque la moitié du sucre naturel du jus de raisin s'est transformée en alcool (2 ou 3 jours après avoir été pressé), on y ajoute une eau-de-vie neutre et incolore, titrée à 77° d'alcool, qui stoppe cette fermentation. C'est ce qui explique à la fois la douceur du porto et sa relativement forte teneur en alcool (environ 20°).

L'accord parfait

Même si un vintage se suffit à lui-même, il peut sublimer des fromages forts, à pâte persillée comme le roquefort, ou sa version british, le délicieux stilton. Les arômes de fruits secs du tawny se marient parfaitement avec tartes aux pommes, crèmes brûlées et desserts au caramel. Un 20 ans d'âge accompagnera aussi très bien un foie gras. Un ruby sera impeccable sur un plateau de fromages ou un dessert au chocolat agrémenté de fruits rouges. En apéritif, on peut opter pour un porto blanc servi bien frais, nature, ou en version tonic avec de la limonade et une feuille de menthe.

ASSEMBLAGE ET DIVERSITÉ

Le porto est un vin d'assemblage. Parmi la grande variété de cépages que l'on trouve dans **le Douro,** les *touriga nacional, tinta barroca, tinta roriz, tinta cão* et *touriga francesa* sont les plus utilisés. Capable de se bonifier en foudre, en barrique ou bien en bouteille, le type de porto obtenu dépend de ce contenant autant que de la durée du vieillissement.

PORTO BLANC, RUBY ET TAWNY

Les **portos blancs** sont élevés en foudres pendant 2 ou 3 ans, et peuvent être plus ou moins doux. Les **ruby** vieillissent entre 3 et 5 ans en grands foudres, où ils conservent leur

arôme fruité et leur couleur sombre, alors que les **tawny** sont conservés pendant un minimum de 5 ans dans des barriques de chêne, où ils s'oxydent peu à peu au contact du bois et de l'air, prenant une couleur ambrée et de délicieux arômes de noisette et de caramel. 10, 20, 30, 40 ans : l'âge indiqué sur un tawny est une moyenne d'âge des vins qui le composent, avec une recherche de qualité constante.

VINTAGE ET LBV

Contrairement aux vins précédents, les vintage et LBV *(late bottled vintage)* sont issus de la **récolte d'une seule année.** Les vintage sont les plus nobles des portos. Ils sont mis en bouteilles après 2 ans passés dans les foudres, sans être filtrés, ce qui leur permet de continuer à se bonifier dans la bouteille. C'est l'**Institut du vin de Porto** qui décide si une année est suffisamment exceptionnelle pour permettre un vintage, une autorisation qui n'est donnée que 3 fois par décennie. Le LBV est vinifié de la même façon, les années qui ne sont pas vintage, avec un passage en foudre un peu plus long avant la mise en bouteilles. Ce sont également de très bons vins, quoique moins onéreux.

POURQUOI LES CAVES SONT-ELLES SITUÉES À GAIA ?

Pour des raisons climatiques, tout d'abord : près de l'Océan, les quais de **Vila Nova de Gaia** bénéficient d'une faible amplitude des températures dans l'année et d'un taux d'humidité important, tout en étant à l'abri du vent. Les négociants ont également fait le choix de Gaia pour éviter de payer l'impôt à l'entrée et à la sortie de Porto, pour les vins destinés à l'exportation.

L'ESSOR DU PORTO

Le porto doit en partie son succès aux mauvaises relations entre la France et l'Angleterre au XVIIe s. : lorsque Colbert décida de taxer fortement les produits importés d'Angleterre, les Anglais réagirent en cessant d'importer du vin de Bordeaux, qu'ils remplacèrent par le vin portugais. Les exportations de porto s'envolèrent et il devint le vin le plus consommé en Angleterre, notamment par les dames de la haute société, qui le disaient recommandé par leur médecin...

13 La vallée DU DOURO

Restos & bistrots p. 132

COMMENT Y ALLER ? VOIR CARNET PRATIQUE P. 190.

La vallée du Douro possède l'un des plus beaux vignobles du monde (voir p. 88), classé par l'Unesco au patrimoine mondial de l'humanité. Les vignes qui s'étagent en terrasses tout au long de cette vallée encaissée offrent un paysage exceptionnel. Pour en profiter pleinement, louez une voiture et suivez la nationale 222. Vous découvrirez au passage une ville médiévale, un manoir et un sanctuaire, bijoux du baroque portugais.

❶ AMARANTE★★★

Accrochée sur les deux rives du fleuve Tâmega, Amarante (à 50 min de Porto) entretient depuis le XIIIe s. la mémoire de São Gonçalo, moine bénédictin célèbre pour avoir favorisé les mariages et la fertilité (le *bolo de Gonçalo*, un gâteau de forme phallique, est issu de cette légende). Son magnifique pont (XVIIIe s.) vous invite à y flâner de part et d'autre.

Igreja São Gonçalo

Construite entre 1540 et 1620, cette impressionnante église s'ouvre sur un portail Renaissance italianisant

surmonté d'un fronton baroque et d'une coupole recouverte de tuiles.
Praça da República • ☎ 255 422 050 • Lun.-sam. 8h-19h, dim. 8h-20h15 • Accès libre.

Museu municipal Amadeo de Souza-Cardoso

Ce musée d'art moderne et contemporain relativement bien agencé présente les œuvres de divers artistes portugais, dont le peintre natif d'Amarante Amadeo de Souza-Cardoso (1887-1918), ainsi que des expositions temporaires.
Alameda Teixeira de Pascoães • ☎ 255 420 272 • www.amadeosouza-cardoso.pt • Mar.-dim. 10h-12h30 et 14h-18h (9h30-12h et 14h-17h30 en hiver) • Entrée : 1 €.

❷ LAMEGO★★★

À 50 minutes en voiture d'Amarante et située au cœur des vignobles, la petite ville de Lamego possède un charme particulier qui mérite un arrêt.

Santuário de Nossa Senhora dos Remédios

Au sommet de la colline qui surplombe Lamego, culmine ce magnifique sanctuaire édifié au milieu du XVIIIe s. Le site qui lui est consacré est grandiose avec son église baroque et son escalier monumental de 686 marches.
Monte de Santo Estevão • ☎ 254 655 318 • T. l. j. 8h30-19h30 (pas de visite pendant la messe 17h30-18h30).

Amarante, brocante au pied de l'igreja São Gonçalo

Catedral Sé

Bâtie dès le XIIe s. mais remaniée au cours du temps, la cathédrale de Lamego est l'un des monuments historiques les plus emblématiques de la région du Douro. Ses fresques aux couleurs vives ont été peintes par Nicolau Nasoni.

Largo da Sé • ☎ 254 612 766 • T. l. j. 8h-13h et 15h-19h.

Museu de Lamego

Installé dans l'ancien palais épiscopal construit entre 1773 et 1786, le musée rassemble des œuvres de la cathédrale, des tapisseries flamandes et des panneaux d'azulejos du XVIIe s.

Largo de Camões • ☎ 254 600 230 • www.museudelamego.pt • Mar.-dim. 10h-18h • Entrée : 3 €.

❸ PESO DA RÉGUA*

Située au bord du fleuve Douro, Peso da Régua (comptez 15 min de trajet depuis Lamego) a joué un rôle primordial dans la production et la commercialisation du vin de Porto. C'est d'ici que les barriques de vin partaient en bateau jusqu'à Vila Nova de Gaia.

Museu do Douro

La visite de ce musée permet de découvrir l'histoire de la vallée, son fleuve, son climat, ses habitants et son vin. Il est possible de combiner la visite avec une dégustation.

Vallée du Douro

Rua Marquês de Pombal • ☎ 254 310 190 • www.museudodouro.pt • T. l. j. 10h-18h ; f. 1er janv., 1er mai et 25 déc. • Entrée simple : 6 € ; entrée + 1 verre de porto : 7,50 €.

❹ QUINTA DE MARROCOS***

Cela fait plus de quatre générations que la famille Correia de Sequeira produit du vin au sein de cette magnifique *quinta*, qui fut jadis un monastère de moines franciscains. Vous pouvez vous y arrêter pour une simple visite guidée du domaine (sur résa) – où le foulage est encore fait aux pieds dans des pressoirs de granit - ou pour y séjourner une nuit ou plus.

Estrada nacional 222, Valdigem (à 10 min de Peso da Régua) • ☎ 254 313 012 • www.quintademarrocos.com • T. l. j. 9h-12h et 14h-18h • Vis. guidée + dégustation de 4 vins : 12 €.

❺ QUINTA DO TEDO***

Vincent et Kay sont tombés sous le charme du Douro il y a plus de 30 ans et ont choisi de mettre à profit leur savoir-faire bourguignon et californien dans ce magnifique domaine du XVIIIe s. L'atmosphère y est familiale et l'on est accueilli à bras ouverts pour visiter la propriété. Dégustations possibles en fin de visite.

N 222 ; Folgosa (à 10 min de la Quinta de Marrocos) • ☎ 254 789 165 • www.quintadotedo.com • T. l. j. 10h-19h (9h-18h en hiver) • Vis. guidée + dégustation de 3 vins : 16 € (résa obligatoire pour une visite en français).

❼ CASA DE MATEUS***

À environ 30 min de Conceitus Winery ou 20 min de Peso da Régua, ce palais du XVIIIe s., commandé par António Mourão (1688-1746), est une splendeur du baroque portugais. Sa façade principale, attribuée à Nicolau Nasoni, se reflète dans un miroir d'eau orné depuis 1981 d'une sculpture de João Cutileiro. La demeure abrite un musée avec des meubles et des objets de l'époque, et une belle bibliothèque au plafond en bois sculpté.
La chapelle et sa superbe sacristie valent également le détour, sans oublier les jardins, qui sont un véritable enchantement. Des dégustations de vins et d'huile d'olive sont possibles sur place.

À 3 km de Vila Real • ☎ 259 323 121 • www.casadeмateus.com • T. l. j. 9h-18h (19h avr.-oct.) ; f. 25 déc. • Entrée jardins : 8,50 € ; jardins + palais : 12 €.

❻ Pour une pause idyllique : Conceitus Winery Restaurant

On apprécie le concept qui consiste à choisir en premier lieu les vins et à se laisser guider pour les plats qui se marieront le mieux avec eux. Les menus de 3, 4 ou 5 « moments » sont élaborés avec des produits de saison. Pour une collation plus légère, optez pour le bar à vins, où l'on découvre les nectars de la région accompagnés de salades ou de *petiscos*. Le tout dans un cadre paradisiaque, avec le Douro à perte de vue. Attention, cette adresse isolée est assez difficile d'accès.

Quinta Nova de Nossa Senhora do Carmo, Covas do Douro (à env. 30 min de la Quinta do Tedo) • ☎ 254 730 430 • www.quintanova.com • Restaurant : t. l. j. 13h-15h et 20h-22h ; bar à vins : t. l. j. 11h-19h ; f. mi-nov.-déc. • Menus : 38, 43 et 50 € (sans les vins).

Les vignobles du Douro

Le vignoble de la vallée du Douro est classé au patrimoine mondial de l'Unesco depuis 2001. Les paysages splendides de cette vallée sont le fruit du travail acharné de l'homme, qui y a tracé et entretenu des terrasses dessinant des courbes régulières sur ses flancs les plus escarpés.

Vallée du Douro

LE DOURO

Long d'environ 900 km, le Douro prend sa source en Espagne et termine sa course dans l'océan Atlantique, entre Porto et Vila Nova de Gaia. Jusqu'en 1887, date de la mise en service de la ligne de chemin de fer qui longe sa vallée, le fleuve a été le **principal moyen de transport** de la région. Mais le fort dénivelé, ses méandres aux courbes serrées, et les rochers qui obstruaient le passage par endroits en rendaient la navigation difficile et périlleuse pour les ***rabelos,*** avant que ne soient construits des barrages.

CLIMAT ET TERROIR

La vallée du Douro réunit des conditions de **climat** et de **terroir** exceptionnelles. Des chaînes montagneuses bloquent les entrées maritimes vers la vallée, qui est soumise à de **fortes amplitudes thermiques :** il y fait très froid en hiver (en dessous de 0 °C), alors que l'été est caniculaire (plus de 40 °C). Le sol composé de schiste joue également un rôle majeur, empêchant l'évaporation du peu d'eau qui tombe en été, et libérant la nuit la chaleur emmagasinée pendant la journée.

LA ZONE DE PRODUCTION

Au début du XVIIIe s., le vin de Porto connaît une **crise :** les Anglais achètent moins alors que la production ne cesse d'augmenter. Le **marquis de Pombal** a l'idée de délimiter une zone de production, une première mondiale qui préfigure les appellations d'origine contrôlée. En 1756 est créée la Compagnie générale d'agriculture et des vins du haut Douro, chargée de procéder à la délimitation de la zone avec des bornes en granit, les ***pombalinas.***

ÉVOLUTION DE LA ZONE DÉLIMITÉE

L'aire de production créée en 1756, appelée **Alto Douro,** ne comprenait pas le **Douro Superior,** dont l'accès était rendu difficile par un énorme rocher qui empêchait la navigation dans la zone de Cachão da Valeira. Quand ce monolithe en granit fut détruit, en 1792, la culture des vignes put s'étendre vers l'est et, en 1936, le **Douro Superior** (zone la plus aride et la plus sauvage) a été rattaché à la zone délimitée, tandis que l'Alto Douro était divisé en **Baixa Corgo** (région la plus facile d'accès, le plus habitée et la plus fertile) et **Cima Corgo** (vallées aux pentes abruptes qui abritent de prestigieuses *quintas*).

VINS DU DOURO, DÃO ET *VINHO VERDE*

La vallée de Douro ne produit pas seulement du vin de Porto, mais aussi des **vins de table, rouges et blancs,** qui ont une vraie personnalité grâce à des cépages tels que le *touriga nacional.* Les vins de la région de Dão méritent également d'être découverts : ils sont équilibrés et élégants. Le *vinho verde,* enfin, finement pétillant, frais et fruité, se marie parfaitement avec les assiettes de *petiscos* à déguster entre amis à l'apéritif. Les plus moelleux, comme le Serra da Estrala, se consomment en dessert, accompagnés de confiture de raisin ou de cerise noire.

Au fil de l'eau

C'est sans doute sur l'eau que l'on profite le mieux de ce site superbe, et nombreuses sont les compagnies qui proposent des balades sur le Douro. Par exemple, **Magnífico Douro,** basé à Pinhão, dispose de plusieurs bateaux traditionnels ou modernes, à partir de 10 € par passager pour 1h. Possibilité également de louer des canoës (rua Marginal do Pinhão, ☎ 913 129 857, www.magnificodouro.pt). Pour les autres compagnies, voir p. 195.

14 Braga, Bom Jesus ET TIBÃES

Restos & bistrots p. 134 | Bars & clubs p. 163

COMMENT Y ALLER ? VOIR CARNET PRATIQUE P. 190.

Fondée par l'empereur Auguste en 15 av. J.-C., Bracara Augusta, devenue Braga, est riche de monuments témoins de sa longue histoire, des vestiges romains aux églises et aux palais baroques. Sa cathédrale est la plus ancienne du Portugal, et l'on dit ici que Braga prie, pendant que Lisbonne s'amuse et que Porto travaille... Braga possède également un centre-ville très animé.

❶ CATEDRAL SÉ★★★

La cathédrale - Sé - de Braga date du XIe s. mais n'a cessé depuis d'être remaniée, chaque évêque souhaitant y laisser son empreinte. La visite est donc une promenade sur dix siècles d'architecture religieuse, avec des éléments romans, gothiques,

Catedral Sé de Braga

Renaissance et baroques (dont des orgues stupéfiantes). Ne manquez pas la visite du musée et des chapelles, notamment la capela dos Fundadores, où sont inhumés Dom Henrique et Teresa de León, les parents du premier roi du Portugal, et la capela da Gloria et ses peintures mudéjares.

Rua Dom Paio Mendes • ☎ 253 263 317 • www.se-braga.pt • T. l. j. 9h30-12h30 et 14h30-17h30 (18h30 en été) • Entrée Sé : 2 € ; chapelles : 2 € ; musée : 3 € ; Sé + musée + chapelles : 5 €.

❷ MUSEU DOS BISCAINHOS**

Cet ancien palais donne un aperçu du quotidien de la noblesse des XVIIe et XVIIIe s. et des personnes qui contribuaient au fonctionnement de la maison : aumôniers, domestiques et esclaves. L'entrée et son sol étonnant, le salon noble et les jardins valent le détour. On fait la visite accompagné par un surveillant, avec un livret d'explication en anglais ou en portugais.

Rua dos Biscainhos • ☎ 253 204 650 • http://museus.bragadigital.pt/Biscainhos • Mar.-dim. 10h-12h30 et 14h-17h30 ; f. certains j.f. • Entrée : 2 €.

❸ CASA DOS CRIVOS (OU DAS GELOSIAS)*

La « Maison criblée » ou « maison aux Jalousies » est l'unique exemple conservé d'un type d'habitation

❹ Pour une pause littéraire : Casa Rolão

Érigée entre 1758 et 1761 par André Soares, la Casa Rolão, chef-d'œuvre du baroque, fut une habitation privée, l'imprimerie d'un journal et les bureaux d'un parti politique avant d'abriter aujourd'hui un lieu d'expositions, des boutiques de créateurs et de design, ainsi qu'une formidable librairie comprenant un jardin et un café. L'endroit rêvé pour s'offrir une pause culinaire à toute heure de la journée !

Avenida Central, 118-124 • ☎ 962 348 525 • Lun.-sam. 9h-19h30 ; restaurant f. le mer. • Menu (plat + boisson) : 6,50 € ; part de gâteau : 2 €.

Casa dos Crivos

très commun à Braga aux XVIIe et XVIIIe s., qui maintenait les habitants dans une réclusion totale semblable à celle des couvents. Un témoignage de la grande religiosité régnant à l'époque. Propriété de la mairie, elle accueille aujourd'hui de petites expositions temporaires.
Rua de São Marcos, 41 • ☎ 253 615 288 • Lun. et sam. 10h-13h et 14h30-18h30, mar.-ven. 9h30-18h30 • Accès libre.

❺ TERMAS ROMANAS ET MUSEU DOM DIOGO DE SOUSA★

Les bains publics romains datent du début du IIe s. et ont été en service jusqu'au Ve s. La visite est complétée par celle des collections du musée archéologique voisin, le **Museu Dom Diogo de Sousa,** qui se consacre à l'évocation de Braga depuis la préhistoire jusqu'à l'époque romaine.
Termes : rua Dr. Rocha Peixoto • ☎ 253 278 455 • Mar.-ven. 9h-13h et 14h-18h, sam.-dim. 10h-17h ; f. j.f. • Entrée : 1,85 € ; billet jumelé avec la fontaine : 3,10 €. **Musée :** rua dos Bombeiros Voluntários • Mar.-dim. 10h-17h30 ; f. certains j.f. • Entrée : 3 €.

❻ IGREJA DE SANTA CRUZ★★

Ne soyez pas surpris de voir des passants le nez en l'air devant cette église : ils cherchent sur sa belle façade les trois coqs qui y sont sculptés. Si les deux premiers sont assez facilement repérables, le troisième l'est beaucoup moins, et l'on raconte que les jeunes filles qui y parviennent sont sûres de se marier dans l'année…
Largo Carlos Amarante • ☎ 253 205 900 • Ouv. pendant la messe : t. l. j. à 11h et 18h • Accès libre.

❼ CAPELA DE SÃO BENTINHO★★

Cette minuscule et émouvante chapelle à la fois baroque et néoclassique, ouverte sur la rue, date du milieu du XVIIIe s. À toute heure de la journée, des fidèles s'y arrêtent pour prier ou allumer une bougie, véritable témoignage de la foi enracinée d'un peuple.
Rua de São Bentinho.

❽ PALÁCIO DO RAIO★★

Ce palais, construit entre 1753 et 1754, est un joyau de l'architecture baroque réalisé par André Soares. Sa façade, recouverte d'azulejos bleus, se distingue par

l'exubérance de son ornementation. Restauré en 2015, il est désormais reconverti en musée consacré à l'histoire de la Sainte Maison de la Miséricorde de Braga. Profitez de cette visite pour découvrir la préciosité de son intérieur !
Rua do Raio • ☎ 253 206 520 • Mar.-sam. 10h-13h et 14h30-18h30 • Accès libre.

9 SANTUÁRIO DO BOM JESUS DO MONTE***

Ce sanctuaire, lieu de pèlerinage depuis le XVe s., est composé d'une église et d'un spectaculaire escalier sculpté dans le granit et orné de chapelles, statues, fontaines et pinacles, véritables chefs-d'œuvre de l'architecture baroque. L'ascension par palier permet de découvrir à la fois les éléments sacrés destinés à accompagner les pèlerins et un panorama splendide. Les moins sportifs peuvent emprunter le funiculaire hydraulique de 1882, le plus ancien de la péninsule Ibérique, qui permet d'éviter les quelque 500 marches. Au sommet, s'ouvre majestueusement le temple de Bom Jesus (1784-1857), d'inspiration néoclassique et conçu par l'architecte Carlos Amarante.
Estrada de Bom Jesus, Tenões, Braga • Bus 2 depuis l'avenida da Liberdade (face office de tourisme) jusqu'au terminus (ticket 1,65 € à acheter dans le bus) • ☎ 253 676 636 • www.bomjesus.pt • Église : t. l. j. 8h-19h (18h en hiver) ; accès libre • Funiculaire : t. l. j. 9h-20h (19h en hiver) ; 1,20 € le trajet.

10 NOSSA SENHORA DA CONCEIÇÃO DO SAMEIRO*

Sa construction s'est étirée sur un siècle à partir de 1863. Il s'agit du deuxième plus grand centre de dévotion dédié à la Vierge Marie au Portugal, après Fatima. La basilique néoclassique se distingue par son autel en granit blanc poli, par son tabernacle en argent et par la couronne en or que porte la statue de Nossa Senhora do Sameiro. Devant l'église se trouve une esplanade surplombant Braga et un vaste escalier au sommet duquel sont érigés deux piédestaux en granit surmontés de l'Immaculée Conception et du Cœur de Jésus.
Avenida Nossa Senhora do Sameiro, 44, Braga • ☎ 253 603 629 • T. l. j. 7h30-17h30 (19h l'été) • Accès libre.

11 MOSTEIRO DE SÃO MARTINHO DE TIBÃES***

Ce monastère fondé à la fin du Xe s. était l'un des plus riches et puissants du nord du Portugal. Véritable chantier-école pour quantité d'architectes, tailleurs de pierre, doreurs et sculpteurs des XVIIe et XVIIIe s., son style va du maniérisme tardif au rocaille. La visite du cloître, des salles aux plafonds sculptés et des jardins est un ravissement !
Rua do Mosteiro, Mire de Tibães, Braga • ☎ 253 622 670 • www.mosteirodetibaes.org • Mar.-dim. 10h-18h (18h30 en été) ; f. certains j.f. • Vis. guidée à 11h, 15h et 16h30 • Entrée : 4 €.

15 Guimarães

Restos & bistrots p. 137 | Bars & clubs p. 163

COMMENT Y ALLER ? VOIR CARNET PRATIQUE P. 190.

Cette cité médiévale aurait vu naître en 1109 Dom Afonso Henriques, premier roi du Portugal, et fut le théâtre de la bataille de São Mamede (24 juin 1128), qui conduisit le pays à l'indépendance. Son centre historique est classé au patrimoine mondial de l'humanité par l'Unesco, une reconnaissance sur laquelle la ville s'appuie pour encourager la création artistique et artisanale.

1 CASTELO DE GUIMARÃES*

La très pieuse comtesse Mumadona Dias prit la tête du comté de Portucale à la mort de son mari en 928, et fit construire cette forteresse pour protéger des invasions le monastère de Santa Maria. Au XIIe s., le comte

de Portucale Dom Henrique s'y installa, et son fils Afonso Henriques y est sans doute né. Peu de choses à voir à l'intérieur, hormis le donjon du XIIIe s., mais la promenade sur les remparts offre un beau panorama.
Rua Conde Dom Henrique • ☎ 253 412 273 • www.pduques.culturanorte.pt • T. l. j. 10h-18h ; f. certains j.f. • Entrée : 2 € ; gratuit 1er dim. du mois.

❷ PAÇO DOS DUQUES DE BRAGANÇA★★

Le palais des ducs de Bragança a été construit au XVe s. par Dom Afonso, fils du roi João I, et fut essentiellement habité à cette époque. Progressivement laissé à l'abandon, il servit de caserne au XIXe s., puis fut restauré entre 1937 et 1959 et garni de meubles et d'objets d'art des XVIIe et XVIIIe s. La visite vaut le détour, ne serait-ce que pour la salle des banquets et la chapelle. Une partie du 2e étage sert de résidence officielle au président portugais lors de ses déplacements dans le Nord.
Rua Conde Dom Henrique • ☎ 253 412 273 • http://pduques.culturanorte.pt • T. l. j. 10h-18h ; f. certains j.f. • Entrée : 5 € ; billet jumelé avec le musée Alberto Sampaio ou le castelo de Guimarães : 6 €, gratuit le 1er dim. du mois.

❸ LARGO DA OLIVEIRA★★

Les origines de l'**igreja da Nossa Senhora da Oliveira** (lun.-sam.

Largo da Oliveira

8h30-12h et 15h30-19h30, dim. 9h-13h et 17h-20h ; accès libre) remontent au monastère fondé en 950, mais elle a subi de nombreuses transformations, comme le prouvent les éléments gothiques, classiques et baroques qui la composent. Devant l'église, le monument Padrão do Salado célèbre la victoire de Dom Afonso IV sur les Maures en 1340. En passant sous les arcades du bâtiment de **Antigos Paços do Concelho,** où siégeaient les dirigeants de la ville aux XIVe et XVe s., on débouche sur la praça de São Tiago, toujours très animée.

Rua de Santa Maria

❹ RUA DE SANTA MARIA★★★

La rue la plus ancienne de Guimarães, reliant le château au monastère d'origine, est jalonnée de bâtiments qui témoignent de son passé, comme la **Casa Gótica dos Valadares** (n° 9), la Casa do Arco (n° 28) et la **Casa dos Peixotos** (n° 39). En son milieu, le **convento de Santa Clara**, bel édifice du XVIe s. à la façade baroque, abrite les services de la mairie, qui autorise l'accès au cloître (lun.-ven. 9h-17h).

❺ MUSEU DE ALBERTO SAMPAIO★★★

« Ce musée mérite toutes les visites », nous dit José Saramago, et c'est vrai ! Créé en 1928 pour recueillir les œuvres d'art sacré des églises environnantes, et aménagé dans un superbe monastère médiéval, il reçut le nom d'Alberto Sampaio en hommage à un illustre historien. Certaines œuvres sont classées trésor national, comme la veste militaire royale et le triptyque en argent offerts par le roi Dom João I à Nossa Senhora da Oliveira en remerciement de son intercession dans la bataille d'Aljubarrota en 1385.

Rua Alfredo Guimarães • ☎ 253 423 910 • http://masampaio.culturanorte.pt • Mar.-dim. 10h-18h ; f. certains j.f. • Entrée : 3 € ; billet jumelé avec Paço dos Duques : 6 €.

❻ CENTRO INTERNACIONAL DAS ARTES JOSÉ DE GUIMARÃES (CIAJG)★★★

Cet espace a été inauguré en 2012, lorsque Guimarães était capitale européenne de la culture. Il accueille et soutient de jeunes artistes et des entrepreneurs d'industries créatives, et il présente des expositions aux côtés de la collection permanente du sculpteur et peintre José de Guimarães, natif de cette ville dont il a pris le nom : on admire ses œuvres et sa collection d'objets d'art tribal africain, chinois et précolombien.

Plataforma das Artes e da Criatividade • Avenida Conde Margaride, 175 • ☎ 253 424 715 • www.ciajg.pt • Mar.-dim. 10h-13h et 14h-19h • Entrée : 4 € (gratuit dim. 10h-13h).

❼ PALÁCIO E CENTRO CULTURAL VILA FLOR★★

Ce magnifique palais du XVIIIe s., décoré de statues en granit représentant les premiers rois du Portugal, accueille des expositions temporaires. Un peu plus loin, le centre culturel Vila Flor, érigé en 2005, programme de nombreux spectacles. Ces deux bâtiments s'ouvrent sur un splendide jardin à trois paliers.

Avenida Dom Afonso Henriques, 701 • ☎ 253 424 700 • www.ccvf.pt • Entrée (palais) : 2 €.

❽ Pour une pause sur un toit terrasse : Cor de Tangerina

Le Cor de Tangerina a tout d'atypique : il est situé à l'intérieur d'un appartement, il propose une cuisine végétarienne créative, goûteuse (voire même gastronomique) à petit prix, et il s'ouvre sur un jardin luxuriant et ombragé situé sur un toit face au Palais des Ducs de Bragance ! L'endroit rêvé pour s'attabler entre deux visites.

Largo Martins Sarmento, 89 • ☎ 253 542 009 • www.cordetangerina.pt • Mar.-sam. 12h30-15h et 19h30-22h, dim. 12h30-15h30 • Menu déjeuner : 9 € ; plat : env. 11 €.

16 Aveiro

Restos & bistrots p. 138

COMMENT Y ALLER ? VOIR CARNET PRATIQUE P. 190.

Ville d'eau située au bord d'une lagune peuplée d'oiseaux (son nom d'origine était Aviarium), Aveiro jouit d'un site naturel exceptionnel et d'un patrimoine culturel original, avec un musée consacré à une princesse sainte du XVe s. et de superbes bâtiments Art nouveau un peu partout dans la ville, sans oublier les marais salants, procurant depuis des siècles le sel nécessaire à la conservation de la morue, et de splendides paysages.

❶ MUSEU DE AVEIRO★★★

L'ancien monastère qui abrite le musée a été fondé au XVe s. La princesse Joana, fille du roi Afonso V, s'y est retirée en 1472 et y a vécu recluse jusqu'à sa mort en 1490. Béatifiée en 1673, elle est devenue la sainte patronne de la ville, fêtée depuis, le 12 mai, par une grande procession. Parmi l'importante collection du musée se trouve un admirable portrait de la sainte datant du XVe s. Dans l'église, ne manquez pas son tombeau en marbre incrusté de jaspe, chef-d'œuvre du XVIIIe s. À l'étage, il est possible d'accéder aux somptueuses chapelles de la tribune (XVIIe-XVIII^e^s).

Avenida de Santa Joana • ☎ 234 423 297 • Mar.-dim. 10h-18h ; f. 1er janv. et 25 déc. • Entrée : 4 €.

❷ CATEDRAL SÉ OU IGREJA SÃO DOMINGOS★★

L'église, construite au XVe s., est devenue cathédrale en 1938. Profondément transformée au cours des siècles, elle est d'une simplicité et d'une luminosité rares avec ses murs blancs et ses grandes fenêtres ovales. On peut y admirer des azulejos du XVIIIe s. et le *cruzeiro* de São Domingos (XVe s.), colonne surmontée d'une croix gothique, classée monument national, et dont une copie se trouve sur la place de l'église.

Rua do Batalhão de Caçadores, 10 • ☎ 234 422 182 • T. l. j. 8h-20h (pas de visites pendant les messes) • Accès libre.

❸ *MERCANTÉIS* ET *MOLICEIROS*★★

Parmi les embarcations qui égaient la Ria d'Aveiro, les *mercantéis* servaient à l'origine au transport du sel, tandis que les *moliceiros*, plus imposants, étaient voués au ramassage des algues marines, utilisées comme engrais. Leur coque à la ligne élancée est décorée de peintures colorées, souvent humoristiques. Plusieurs compagnies proposent des balades à partir des quais situés devant l'ancienne capitainerie ou le Jardim do Rossio.

Onda Colossal • Rua de Viana do Castelo, 4 • ☎ 914 171 014 • www.ondacolossal.pt • À partir de 8 € pour 45 min.

❹ MUSEU DE ARTE NOVA★★

Inauguré en 2012, le musée en lui-même est encore peu fourni,

Bateau typique à Aveiro

mais il est le point de départ d'un circuit pédestre de découverte de 28 façades de bâtiments Art nouveau disséminés dans la ville. À commencer par celle de la maison du Major Pessoa, où est situé le musée, qui est l'une des plus emblématiques. Cette promenade permet d'admirer une autre spécificité d'Aveiro : les nombreux panneaux d'azulejos qui décorent les façades, témoins de l'importance de l'industrie céramique de la région depuis le XVIe s.

Rua Dr. Barbosa Magalhães, 9-11 • ☎ 234 406 485 • Mar.-ven. 9h30-12h30 et 14h-18h, sam.-dim. 14h-18h ; f. j.f. • Entrée : 1 €.

❺ OFICINA DO DOCE**

Cet atelier de pâtisserie nous fait découvrir l'histoire et la recette des *ovos moles,* ces drôles d'œufs mous et sucrés enveloppés dans une feuille d'hostie, la plus célèbre des spécialités conventuelles de la région. Une visite très courte mais amusante pour les enfants, qui peuvent participer au remplissage des moules en forme de coquillages et déguster ces douceurs à la fin.

Galeria Rossio • Rua João Mendoça, 23 • ☎ 234 098 840 • www.oficinadodoce.com • T. l. j. 10h-19h env. ; horaires variables, se renseigner • Entrée : 2 € • Résa obligatoire.

❻ Pour une pause qui a du style : Casa de Chá Arte Nova

Le Museu de Arte Nova abrite un salon de thé absolument charmant. On y découvre quelques-unes des 101 variétés de thés du monde entier, à déguster dans un décor fleuri. Le soir venu, les verres de caïpirinha remplacent peu à peu les tasses de thé, et l'espace se transforme en un bar animé sur des musiques de jazz et des paso-doble.

Rua Dr. Barbosa Magalhães, 9-11 • ☎ 916 842 029 • Mar-sam. 10h-2h, dim. 10h-minuit • Thé : 1,20-3 € ; 2 scones : 2 € ; caïpirinha : 4 €.

❼ ECOMUSEU MARINHA DA TRONCALHADA**

Les marais salants invitent à la promenade. Outre la faune et la flore locales, on y découvre des techniques de saliculture ancestrales... Le testament de la comtesse Mumadona Dias mentionnait déjà le sel récolté ici en 959 ! Un paysage apaisant, avec des reflets aux sublimes couleurs en fin de journée. Pour une visite guidée, s'adresser au Museu da Cidade de Aveiro (rua João Mendonça, 9-11 ; ☎ 234 406 307).

Marinha da Troncalhada • Cais das Pirâmides • Espace ouvert, accès libre.

La visite continue

Si vous disposez d'un véhicule, voici deux suggestions d'excursions dans les environs d'Aveiro :

- la petite station balnéaire de **Costa Nova do Prado** et ses maisons rayées aux couleurs vives, située à 15 km d'Aveiro ;
- la **manufacture de porcelaine Vista Alegre,** à Ílhavo (à 8 km d'Aveiro), son musée et le village construit au sein même de l'usine pour loger les ouvriers au XIXe s. Pour une visite guidée : ☎ 234 320 600 ; www.myvistaalegre.com

Ecomuseu Marinha da Troncalhada

Restos & bistrots

PAR QUARTIER

Les coups de cœur DE NOTRE AUTEUR 2018

Restaurants traditionnels, tables branchées, *tascas,* terrasses, cuisine du monde, poissons grillés... Notre auteur a tout testé ! Voici ses adresses préférées.

MISS'OPO

C'est chez elle que j'aime démarrer mes soirées dans la Baixa. Voir p. 114.

FLOW

Un décor des *Mille et Une Nuits,* pour mes dîners en amoureux ou mes soirées entre amis. Voir p. 117.

CANTINA 32

L'adresse la plus branchée et conviviale de la rua das Flores. Voir p. 119.

Casa Vasco

BACALHAU

Sa localisation idéale, surplombant le Douro, participe au plaisir que j'ai à déguster mon assiette. Les plats sont goûteux, un régal ! Voir p. 107.

ROTA DO CHÁ

Son jardin parsemé de poufs et de bouddhas, insoupçonnable depuis la rue, offre une sérénité enivrante. C'est un de mes lieux préférés à Porto. Voir p. 120.

RAIZ

L'alliance entre cuisine savoureuse et créative et un fond de jazz réveille à chaque fois ma gourmandise et me procure un plaisir immense. Voir p. 120.

CASA VASCO

J'adore le mélange de saveurs venues d'ailleurs de ce bistrot de Foz. Voir p. 124.

O FILIPE

Pour satisfaire mes envies de poisson grillé, à deux pas de la criée. Voir p. 131.

À SAVOIR

OÙ S'ATTABLER ?

Porto est en pleine mutation, et c'est peut-être au niveau des restaurants que l'évolution est la plus spectaculaire ces dernières années. Aux côtés de ***tasquinhas* traditionnelles,** incontournables pour s'imprégner de l'atmosphère locale, émergent de **nouvelles adresses investies par de jeunes chefs.** Notez aussi que de nombreux bars se mettent à proposer des formules tapas-*petiscos* ou des sandwichs de qualité, agréables à toute heure.

AU MENU

Les Portuenses sont fiers de leur patrimoine gastronomique et ont à cœur de faire figurer sur leurs menus les **spécialités régionales,** un esprit que l'on retrouve partout, de la plus simple *tasca* au restaurant étoilé. Ce patrimoine est suffisamment varié pour nous régaler de bons petits plats différents à chaque repas : *bacalhau, tripas à moda do Porto, cabrito assado, arroz de pato, polvo à lagareiro...* Sans oublier les soupes, par lesquelles les Portugais ont la saine habitude de débuter la plupart de leurs repas.

CONSEILS PRATIQUES

Les portions sont souvent généreuses, surtout dans les restaurants traditionnels, qui proposent parfois des demi-parts *(meia dose)* largement suffisantes pour une personne. Il faut savoir que les **entrées ou *petiscos,*** souvent servis d'office, sont facturés, mais qu'il est tout à fait possible de les refuser. Si vous les trouvez tentants, n'hésitez pas à en demander le prix afin d'éviter les mauvaises surprises. Vérifiez aussi que l'établissement accepte les cartes bancaires. Sur l'addition finale, **prévoir le « couvert »,** de quelques euros par personne et, bien que le service soit compris, il est d'usage de laisser un pourboire.

SE REPÉRER

Chaque adresse de restaurant est associée à une pastille orange numérotée. Vous retrouverez toutes les adresses positionnées sur le plan détachable.

Restos & bistrots PAR QUARTIER

Autour de la Sé (Quartier 1 - p. 22)

CASA DA MARIQUINHAS
Fado ① Plan I8

Le fado est plutôt chanté à Lisbonne et Coimbra. Cet endroit est donc assez unique à Porto et fortement recommandé pour découvrir ce chant mélancolique qui raconte le *fatum*, destin auquel nous sommes tous soumis, et la *saudade* portugaise. Dans un espace intimiste éclairé à la bougie, les chanteurs se succèdent au milieu des tables, pendant que sont servis des plats traditionnels portugais. Une expérience inoubliable !

Rua de São Sebastião, 25 • Mº São Bento • ☎ 915 613 877 / 916 822 453 • www.casadamariquinhas.pt • Mar.-sam. 20h-1h (2h ven.-sam.) • Dîner + concert de fado : à partir de 37 € ; dîner sans concert : à partir de 25 € • Résa obligatoire.

TABERNA DOS MERCADORES
Traditionnel ② Plan I8

Cette minuscule taverne (16 couverts) offre le meilleur de la gastronomie traditionnelle portugaise. Sa cuisine semi-ouverte sur la salle de restaurant contribue à l'atmosphère intime et familière des lieux. Au menu : poulpe, poissons grillés ou cuits

Taberna dos Mercadores

au gros sel, riz au homard, et un savoureux pot-au-feu *(cozido)* le dimanche en hiver. Ce n'est pas le restaurant le moins cher de Porto, mais vous ne serez pas déçu !

Rua dos Mercadores, 36-38 • Bus 900, arrêt Ribeira • ☎ 222 010 510 • Mar.-dim. 12h30-15h30 et 19h-23h • Plats : autour de 16-17 € • Résa indispensable le soir.

VOIR AUSSI :

Português de Gema | p. 25 | ③ Plan H8/I8

Ribeira (Quartier 2 - p. 30)

Adega São Nicolau

ADEGA SÃO NICOLAU
Traditionnel ④ Plan H8

Ce restaurant a beau être situé dans la zone la plus touristique de la ville, il fait partie des bonnes adresses des Portuenses. C'est un projet familial : le chef António propose des incontournables de la cuisine portugaise *(bacalhau, tripas, vitela, polvo…)* et des desserts confectionnés par sa femme (env. 4 €), le tout servi par sa fille Renata. Tous les produits sont de qualité, y compris les vins, sélectionnés avec soin ; la salle fait d'ailleurs penser à une grande barrique. Attention, l'espace est exigu, dedans comme dehors.

Rua São Nicolau, 1 • Bus 900, arrêt Ribeira • ☎ 222 008 232 • Lun.-sam. 12h-23h • Sardines : 9,50 € ; crevettes tigrées : 24 € • Résa indispensable.

ODE PORTO WINE HOUSE
Slow food ⑤ Plan H8

À la fois restaurant, bar à vins et épicerie fine, cet espace *slow food* vous permet de découvrir une cuisine de tradition soignée et modernisée, dans une jolie salle en pierres apparentes. Les prix sont un peu élevés, mais leur poulpe grillé (22 €) est cuit à la perfection ! Un petit plus : la plupart des plats sont confectionnés avec des produits qui peuvent être achetés dans l'épicerie. Pour prolonger l'expérience chez soi…

Largo do Terreiro, 7 • Bus 900, arrêt Ribeira • ☎ 913 200 010 • Mar.-ven. 19h-23h, sam.-dim. 12h30-15h et 19h-23h • Plats : 16-25 € (paiement en espèces seulement) • Résa obligatoire.

VINHAS D'ALHO
Contemporain ⑥ Plan H8

Voici une adresse idéale pour un dîner en amoureux, lors des chaudes soirées d'été, attablés sur un étroit pan de muraille avec une vue imprenable sur le Douro et le ponte Dom Luís I, ou bien à l'intérieur, avec une chanteuse de fado qui se produit tous les soirs.

La carte est variée, avec des plats raffinés de viande et de poisson, et un travail intéressant sur l'accord des vins avec les mets : les amateurs pourront commander un repas complet accompagné de différents portos s'harmonisant avec les plats.
Muro dos Bacalhoeiros, 139 • Bus 900, arrêt Ribeira • ☎ 222 012 874 • www.vinhasdalho.com • T. l. j. 12h-15h et 19h-22h30 • Menus dégustation : 35 et 40 € ; plats : 14-36 €.

BAR PONTE PÊNSIL
Petites faims ⑦ Plan I8

Idéal pour vous reposer « sur l'eau » en dégustant un sandwich ou une salade. La terrasse de ce café est dissimulée derrière les piliers du ponte Pênsil, un pont suspendu qui reliait les deux rives du Douro avant que le ponte Dom Luís I ne soit construit. Le cadre est exceptionnel !
Rua de Cima do Muro, 27 - Cais da Ribeira • ☎ 222 085 342 • www.barpontepensil.com • T. l. j. 10h-2h • Sandwichs : 4-6 € ; salades : 4-9 €.

RIBEIRA 50
Petites faims, tapas ⑧ Plan I8

Les quelques tables installées le long de la coursive qui surplombe les terrasses bondées du quai vous promettent un panorama fantastique sur le fleuve et une distance suffisante pour grignoter au calme des croquettes de morue, des crevettes à l'ail ou une délicieuse salade agrémentée de fromages, noix et fruits frais.
Rua de Cima do Muro, 50 • ☎ 223 401 210 • T. l. j. 13h-23h30 • Salade : env. 9 € ; tapas : 4-6 €.

VOIR AUSSI :
Vinologia | p. 33 | ⑨ Plan H8/I8

Palácio da Bolsa et São Francisco (Quartier 3 - p. 36)

N'O MERCADO
Convivial ⑩ Plan H8

Cette ancienne halle offre un cadre original pour déguster une pizza ou une viande grillée, assis dans des sièges faits de matériaux industriels récupérés. On y prolonge volontiers la soirée autour d'un verre, ou dans la salle de concert (p. 147) si un groupe se produit ce soir-là.
Mercado Ferreira Borges • Praça do Infante Dom Henrique, 95 • Tram 1, arrêt Infante • ☎ 935 274 541 • Facebook : N'O Mercado • Mar.-dim. 12h30-3h • Pizzas : 8-9 € ; burgers : 10 € ; entrecôte (200 g) : 15 €.

BACALHAU
Contemporain ⑪ Plan H8

Non, cuisiner la morue ne consiste pas uniquement à la réduire en boulettes. Bacalhau nous en donne la preuve avec une cuisine goûteuse et créative qui lui fait la part belle :

chips de peau de morue à la crème de tomate, risotto aux langues de morue et chorizo, pâté de morue fumée. Et pour accompagner le tout, de délicieux vins !

Muro dos Bacalhoeiros, 153-155 • ☎ 960 378 883 • www.bacalhauporto.pt • Dim.-jeu. 11h-22h, ven.-sam. 11h-23h • Chips : 4,50 € ; plats : env. 14 €.

VOIR AUSSI :

Conversas Vadias | p. 39 | ⑫ Plan H8

São Bento, Aliados et praça da Liberdade (Quartier 4 - p. 42)

CERVEJARIA BRASÃO
Brasserie ⑬ Plan I6

Le côté rustique pleinement assumé de cette brasserie confère une atmosphère originale à ce lieu branché, à mi-chemin entre la taverne et le pub irlandais. Un bon endroit pour découvrir la fameuse *francesinha* de Porto (7,90 € la demi-portion) et déguster une bière ou une sangria accompagnée de tapas. À la carte, vous trouverez également quelques plats de viande et de fruits de mer, même si le choix est assez limité.

Rua Ramalho Ortigão, 28 • M° Aliados • ☎ 934 158 672 • www.brasao.pt • T. l. j. 12h-15h et 19h-minuit (2h ven.-sam.) • Plats : 8-17 € ; *petiscos* : 5-6 €.

CAFÉ GUARANY
Brasserie ⑭ Plan I6

Voici l'un des rares endroits à Porto où vous pourrez dîner en écoutant du fado ou de la musique cubaine, tous les vendredis et samedis soir. Cette brasserie des Aliados accueille intellectuels et artistes depuis 1933, et fait partie des derniers survivants de la grande époque des cafés de Porto. Une cuisine locale (*pataniscas de bacalhau, arroz de tamboril, tripas à moda do Porto...*), aussi classique que l'endroit, mais de qualité. Une bonne option également pour un brunch.

Avenida dos Aliados, 85/89 • M° Aliados • ☎ 223 321 272 • www.cafeguarany.com • T. l. j. 9h-minuit ; f. 1er janv., dim. de Pâques et 25 déc. • Plats : 14-20 €.

MUNCHIE
Burgers ⑮ Plan I6

Munchie, ce sont de bons gros burgers, difficiles à déguster de façon distinguée, mais tellement savoureux ! L'endroit est facile à repérer : il y a en général une file d'attente devant l'entrée. À la carte, un choix de 9 burgers et 3 wraps, confectionnés avec une viande excellente, à savourer au son d'une musique branchée dans une sorte de cave aménagée en sous-sol, ou bien en terrasse si vous avez la chance d'y trouver une table.

Praça Dona Filipa de Lencastre, 183 • Tram 22, arrêt Praça Filipa de

Cervejaria Brasão

Lencastre • ☎ 916 616 234 • Facebook : MunchieBK • T. l. j. 12h-minuit • Burgers et *wraps* : 5-6,90 € ; dessert du jour : 2 €.

ARMAZÉM DO CAFFÈ
Café ⑯ Plan I6

Ce spécialiste du café sert également un excellent chocolat chaud, épais et crémeux comme on les aime, avec au choix du chocolat noir, au lait ou blanc. L'*americano* est servie avec de la chantilly maison, alors que l'*inglês* est couvert de pépites de chocolat et de minimarshmallows.

Rua de Sá da Bandeira, 100/102 • Tram 22, arrêt Praça D. João I • ☎ 222 081 076 • Lun.-sam. 9h-20h ; f. j.f. • Chocolat chaud : à partir de 2,10 €.

TAPABENTO
Traditionnel ⑰ Plan I7

Un petit resto comme on les aime, à la fois traditionnel et moderne. Ses pierres apparentes sont rehaussées par un bois blanc lumineux, et sa carte est variée et originale, avec notamment un choix de fruits de mer qu'on trouve rarement à Porto, tels les couteaux à l'ail (*navalhas*, 13,50 €), qui méritent une mention spéciale !

Rua da Madeira, 222 • M° São Bento • ☎ 222 034 115 / 912 881 272 • www.tapabento.com • Dim.-jeu. 12h-minuit, ven.-sam. 12h-2h • Repas : 20-30 €/pers., desserts : 5 €.

VOIR AUSSI :

Astória de l'Intercontinental | p. 45 | ⑱ Plan I7

Batalha et Bolhão (Quartier 5 - p. 46)

ABADIA
Traditionnel ⑲ Plan E3

Ce restaurant met le Portugal à l'honneur, tant dans son décor d'abbaye, avec ses azulejos, ses poutres et ses jambons suspendus, que dans sa cuisine, avec des plats traditionnels parfaitement exécutés. Parmi ses spécialités, le *cabrito assado* (chevreau braisé ; 17 € la demi-portion), les *tripas* et le *bacalhau* sous toutes ses formes. Aucun risque de mauvaise surprise dans cet établissement au service toujours impeccable.

Rua Ateneu Comercial do Porto, 22/24 • Tram 22, arrêt Praça D. João I • ☎ 222 008 757 • www.abadiadoporto.com • Lun. 18h30-23h, mar.-sam. 12h-15h30 et 18h30-23h • Plats : 11-18 € la demi-portion.

La Copa

LA COPA
Glacier ⑳ Plan F3

La Copa est l'adresse incontournable pour les amateurs de glaces artisanales à l'italienne. Savoureuses et agrémentées de petits plus gourmands comme des fruits frais ou une délicieuse chantilly, ces coupes joliment composées se dégustent, aux beaux jours, dans un adorable jardin décoré de fleurs et de vieilles bicyclettes. Pour une pause tout en douceur !

Avenida Rodrigues de Freitas, 366 • Tram 22, arrêt Santa Catarina • ☎ 222 032 501 • www.lacopa.pt • Mar.-dim. 12h-minuit • Glaces en cornet : 1 boule 1,90 € ; coupes : 1,90-8,60 €.

A CASA DO EVARISTO
Petites faims ㉑ Plan F3

Inspiré d'un film portugais des années 1950, le décor de la Casa do Evaristo est empreint d'une douce nostalgie. Pas de grande cuisine ici, mais des snacks et de petits plats traditionnels, que vous pouvez accompagner de jus de fruits maison ou de thés bio. Simple, et à tout petits prix !

Rua de Fernandes Tomás, 535 • M° Bolhão • ☎ 222 011 398

Nos restaurants favoris avec vue SUR LE DOURO

Notre sélection de tables avec vue imprenable sur les flots du Douro pour un dîner chic ou une simple pause entre deux visites.

RIBEIRA 50

Son emplacement en hauteur, en plein cœur de la Ribeira, donne l'impression d'être au milieu de la foule sans y être. Un recul appréciable avec une vue magnifique. Voir p. 107.

BAR PONTE PÊNSIL

L'adresse idéale pour déjeuner sur le pouce ou boire un verre dans la journée en ayant l'impression d'être quasiment sur le fleuve. Voir p. 107.

Gull

GULL

On ne lutte pas contre une envie de sushis et ceux de Gull sont irrésistibles. Voir p. 121.

PISCA

Sa vue sur le Douro et les barques colorées de pêcheurs qui y flottent en font l'une des adresses les plus romantiques de la ville. Incontournable ! Voir p. 127.

CASA D'ORO

Ce restaurant italien offre une des plus belles terrasses de Porto, suspendue au-dessus du fleuve. Voir p. 129.

DOURUM

Sa petite terrasse au fil du Douro sur le quai de Gaia et sa cuisine traditionnelle sauront sans aucun doute vous retenir. Voir p. 130.

• Facebook : Acasadoevaristo • Lun.-ven. 8h-19h, sam. 8h-23h30 • Plats : 4-7 € ; soupes : 1,10 € ; thé : 1 €.

GAZELA
Hot dogs ㉒ Plan E3

C'est à son hot dog que ce petit bistrot doit son succès. Étudiants et hommes d'affaires jouent des coudes pour accéder au comptoir et commander ce sandwich au pain croustillant et à la saucisse épicée recouverte de fromage fondu. Un petit bonheur simple à savourer avec une bière fraîche. On en redemande !

Travessa Cimo de Vila, 4 • Tram 22, arrêt Praça Batalha • ☎ 222 054 869 • Lun.-ven. 12h-22h30, sam. 12-17h ; f. mi-août-mi-sept. • Hot dogs : 3,20 €.

VENHAM MAIS 5
Petites faims ㉓ Plan F3

Dans ce petit bistrot, la star est un sandwich : le *prego no pão* (4 €), à base de filet de bœuf (saignant) et de fromage de la Serra da Estrela. Pour l'accompagner, rien de tel qu'un verre de *vinho verde* ou de sangria, et, pour finir sur une note sucrée, ne manquez pas le gâteau au chocolat de la maison (2,95 €), composé d'une mousse sur une meringue, un délice ! L'endroit est toutefois bruyant et souvent bondé, succès oblige...

Rua de Santo Ildefonso, 219 • Tram 22, arrêt Santa Catarina • ☎ 223 195 983 • Mar.-jeu. 12h-22h30, ven.-sam. 12h-23h, dim.-lun. 12h-22h.

CAFÉ SANTIAGO
Francesinha ㉔ Plan F3

LA meilleure *francesinha* de Porto ! C'est là que les habitants de la ville font la queue le week-end pour déguster leur sandwich préféré. Cela peut être l'occasion, pendant que vous attendez votre tour, de faire connaissance avec les gens du coin. Petits appétits et végétariens s'abstenir !

Rua de Passos Manuel, 266 • Tram 22, arrêt Santa Catarina • ☎ 222 055 797 • http://caferestaurantesantiago.com.pt • Lun.-sam. 9h-23h • *Francesinha* : 8-10 €.

BB GOURMET
Contemporain ㉕ Plan E2

Le point fort de BB Gourmet, ce sont les desserts : un grand choix de tartelettes (2 €), verrines (2,50 €) et autres gâteaux, avec une mention spéciale pour les tartelettes au citron et pour le gâteau *Variações de Chocolate* (2,70 €) : biscuit surmonté d'un croquant et d'une mousse, tout ça au chocolat !

Rua de Fernandes Tomás, 764 • M° Bolhão • ☎ 222 011 531 • www.bbgourmet.net • T. l. j. 8h-minuit (1h ven.-sam.) ; f. 25 déc. • Brunch (sam.-dim. et j.f. 12h-16h) : 15 € ; plats : 9-16 € ; pâtisseries : 1-3 €.

CASA GUEDES
Sandwichs ㉖ Plan F3

Déjà très appréciés par les gens du quartier, les sandwichs au *pernil de porco* (jambonneau rôti) des

Café Santiago

frères Guedes connaissent depuis quelque temps un succès fulgurant grâce aux réseaux sociaux. Et c'est vrai qu'ils sont délicieux ! Pour compléter votre repas, nous vous conseillons l'assiette de charcuterie et de fromage de la Serra da Estrela (40 €/kg), arrosée d'un petit verre de sangria ou de vin de pays.

Praça Poveiros, 130 • Tram 22, arrêt Santa Catarina • ☎ 222 002 874 • Lun.-sam. 9h-22h30 • Sandwichs : 2,90-3,90 € ; plat du jour : 5-7 €.

VOIR AUSSI :

Café Majestic | p. 49 | ㉗ Plan E3/F3

Clérigos, Carmo et Carmelitas (Quartier 6 - p. 50)

AMARELO TORRADA
Torradas ㉘ Plan H6

Les *torradas* sont d'épaisses tranches de pain grillé recouvertes de beurre fondu que les Portuenses commandent à toute heure pour couper une petite faim. Amarelo Torrada décline ces tartines en variant les types de pain, dans une salle à la décoration romantique avec des tons clairs et reposants. Au menu figure également un choix de salades et de pâtisseries maison, et pour un petit déjeuner tardif, nous vous recommandons le wrap aux yaourt, fruits et céréales (2,50 €), accompagné d'un cappuccino glacé (1,70 €).

Rua de José Falcão, 29 • Tram 22, arrêt Praça Guilherme Gomes Fernandes • ☎ 223 216 775 • Lun. et mer.-ven. 9h-20h, sam. 9h30-21h30, dim. 10h-20h • *Torrada* : à partir de 2 € (1/2 *torrada* : 1,30 €).

MISS'OPO
Cuisine d'humeur ㉙ Plan I7

Cette petite maison d'hôtes pleine de charme ouvre sa salle de restaurant le soir. Sa carte est renouvelée chaque jour, avec des plats simples mais délicieux, car tout est fait maison, de la soupe de poisson jusqu'aux desserts (même les glaces). Un lieu surprenant et sympathique, plein de personnalité avec son décor industriel. Les soirées du jeudi sont animées par un DJ *sobremesa* (« DJ dessert »), qui aime aller à la rencontre des clients et s'asseoir à leur table.

Miss'Opo

Rua dos Caldeireiros, 100 • Tram 22, arrêt Praça da Liberdade • ☎ 222 082 179 • www.missopo.com • Mar.-dim. 19h30-minuit • Plats : env. 12 € ; desserts : env. 4,50 €.

LINHA 22
Petites faims ㉚ Plan I7

Cette petite épicerie a été pensée comme une halte du tramway, où l'on peut se procurer quelques produits locaux (charcuterie, fromages, confitures, vins), puis les déguster sur place, dans une petite salle à l'étage. Linha 22 propose aussi une visite de Porto à bord d'une voiture du tramway n° 22, avec dégustation de vins et de fromages. Une idée originale qui a du succès : prenez votre billet à l'avance (se renseigner pour les horaires).
Rua dos Clérigos, 23 • Tram 22, arrêt Praça da Liberdade • ☎ 222 012 234 • http://linha22.pt • T. l. j. 9h30-19h.

BRICK CLÉRIGOS
Petites faims ㉛ Plan H7

Avec sa grande table commune au centre du restaurant, Brick Clérigos est l'endroit idéal pour faire des connaissances. Le slogan « *Honest food* » n'est pas usurpé : le choix proposé à la carte n'est pas large, mais la qualité prime, tant pour les salades et sandwichs que pour les tapas, tous élaborés avec des produits frais. On aime aussi la déco avec les ustensiles suspendus au plafond et la cuisine ouverte.
Rua Campo dos Mártires da Pátria,

103 • Tram 22, arrêt Clérigos • ☎ 223 234 735 / 914 009 857 • Mar.-ven. 12h-16h et 19h30-minuit, sam. 14h-16h et 20h-2h • Assiettes de *petiscos*, fromages ou jambon : 8-16 €.

CASA PORTUGUESA DO PASTEL DE BACALHAU
Croquettes ㉜ Plan H7

Après leur succès lisboète, les croquettes de morue préparées à la commande sous vos yeux débarquent à Porto. Plus volumineuses que les croquettes classiques, elles ont la particularité d'être fourrées de *queijo* Serra da Estrela, un fromage de brebis fabriqué au Portugal. L'alliance de la morue réduite en purée et du fromage chaud et coulant en son cœur est extrêmement savoureuse ! Rua Campo dos Mártires da Pátria, 108 • ☎ 916 486 829 • www.pasteisdebacalhau.com • T. l. j. 10h-20h • Croquette : 3,50 € pièce.

A SANDEIRA
Sandwichs ㉝ Plan I7

A Sandeira propose de délicieux sandwichs aux noms de différents quartiers de Porto, servis dans un tout petit espace aux murs couverts de bois cérusé. Le Douro (poulet, chèvre et pomme) et le Clérigos (tapenade, feta, tomate et basilic) sont des best-sellers. En semaine, le menu déjeuner est à 5 € (soupe + sandwich ou salade + boisson du jour). Les produits sont frais et le concept est simple, mais il fait l'unanimité ! Rua dos Caldeireiros, 85 • Tram 22, arrêt Praça da Liberdade • ☎ 916 018 770 • www.asandeira.pt • Lun.-mer. 11h-15h30, jeu.-sam. 11h-minuit • Sandwichs : 4,90 €.

COZINHA DOS LÓIOS
Carnivore ㉞ Plan I7

Ce restaurant revendique des influences espagnoles et françaises, avec pour spécialité des viandes attendries par une maturation longue (12,50-22 €), ce qui n'est pas courant au Portugal. Les solides murs en pierre, qui abritaient autrefois un couvent, contribuent à l'atmosphère chaleureuse du lieu, avec sa lumière tamisée, une bonne sono et une belle sélection de vins.

Rua dos Caldeireiros, 28/30 • Tram 22, arrêt Praça da Liberdade • ☎ 935 198 717 • Facebook : Cozinha Dos Lóios • Hiver : lun.-sam. 12h30-15h30 et 18h-23h (minuit ven.-sam.) ; été : lun.-sam. 18h-minuit.

MOUSTACHE
Café ㉟ **Plan H6**

Ce café-cafétéria au décor design donne sur la jolie place Carlos Alberto, avec des tables en terrasse agréables aux beaux jours et une jolie salle à l'étage. Pour un repas sur le pouce, son *open* sandwich (grande tartine, env. 6 €) est parfait, décliné à la portugaise (sauce pimentée), à la grecque (tapenade et feta) ou à la française (brie et poire). On recommande également le cappuccino et le chocolat chaud, classique ou parfumé à la mûre, un best-seller de ce café.

Praça de Carlos Alberto, 104 • Tram 22, arrêt Praça Guilherme Gomes Fernandes • ☎ 222 082 916 • http://moustache.pt • Lun. 10h-20h, mar.-mer. 10h-minuit, jeu.-sam. 10h-2h, dim. 14h-20h • Chocolat chaud : 2,50 € ; chocolat à la mûre : 2,75 €.

CASA DE LÓ
Pâtisserie ㊱ **Plan H6**

Ici se trouvait autrefois une petite pâtisserie célèbre pour son *pão de ló*, un gâteau moelleux traditionnel très prisé au Portugal. Casa de Ló a repris la commercialisation de ce gâteau, réussissant à préserver l'authenticité de cet endroit tout en le mettant au goût du jour. Une bonne adresse pour commencer

Flow

la soirée, notamment les week-ends d'été sur la terrasse, où un DJ vient assurer l'animation musicale.
Travessa de Cedofeita, 20 A • Tram 22, arrêt Carmo • ☎ 914 750 824 • www.casadelo.pt • Lun.-jeu. 15h-minuit, ven.-sam. et veille de j.f. 15h-4h • *Pão de ló* : 18 €/kg, 2 € la part.

REITORIA
Viandes ㊲ Plan H6

Ambiance méditerranéenne chez Reitoria, avec son décor orné d'oliviers et ses *focaccias* généreusement garnies à déguster au rez-de-chaussée dans la partie bar à vins. Le restaurant situé à l'étage est également très agréable, avec au menu de belles pièces de bœuf grillées au feu de bois.
Rua de Sá de Noronha, 33 • Tram 22, arrêt Praça Guilherme Gomes Fernandes • ☎ 927 608 628 • www.reitoria.pt • T. l. j. 12h30-minuit • Menu du jour : 12 € (restaurant) ; formule *focaccia* : env. 7,50 € • Résa conseillée.

FLOW
Méditerranéen ㊳ Plan H6

Ce restaurant à la mode est aménagé dans un bel édifice couvert d'azulejos, magnifiquement rénové. Trois espaces : bar, restaurant et patio intérieur, et deux cartes, permettant de mixer sushis et plats aux saveurs méditerranéennes, comme un ceviche de thon ou un poulpe à la polenta. Des DJ viennent animer les soirées du mercredi au samedi.
Rua da Conceição, 63 • Tram 22, arrêt Praça Guilherme Gomes Fernandes • ☎ 222 054 016 • www.flowrestaurant.pt • Lun.-ven. 12h30-15h et 19h45-minuit (2h ven.), sam. 13h-16h et 19h45-2h • Plats : 16-36 € ; menu midi (mar.-ven.) : 12 € • Résa fortement conseillée.

ANDOR VIOLETA
Contemporain ㊴ Plan H6

Ici, c'est la salle qui prolonge la terrasse et non l'inverse, avec son sol pavé et des citronniers aux quatre coins de la pièce. Dans les assiettes, une cuisine portugaise moderne et des mélanges de saveurs surprenants, surtout en dessert.
Praça de Carlos Alberto, 89 • Tram 22, arrêt Praça Guilherme Gomes Fernandes • ☎ 222 016 618 / 935 661 515 • Lun.-sam. 19h-minuit, sam. 12h30-16h et 18h-minuit • Plats : 15-20 €.

ROSA ET AL TOWNHOUSE
Table d'hôtes ㊵ Plan D2

Rosa et Al sont les propriétaires d'une maison d'hôtes pleine de charme, mais il n'est pas nécessaire d'y séjourner pour profiter de leur *tea time* ou de leur brunch tout à fait original avec des produits frais et des œufs travaillés de multiples façons (12 €). Le pain, le yaourt et le granola sont faits maison.
Rua do Rosário, 233 • Bus 301, arrêt Maternidade • ☎ 916 000 081 • www.rosaetal.pt • Brunch : sam.-dim. 12h-16h ; *five o'clock tea* : sam.-dim. 16h-18h • Pancakes : 9-13 € ; scones : 4 €.

PETISCARIA SANTA ANTÓNIO
Tapas ㊶ Plan H6

Idéalement situé à deux pas de la rua da Galeria de Paris, ce bar à tapas propose une carte savoureuse et originale : salades de sardine ou de maquereau (servies dans un bocal), saucisse et purée de pommes, conserves de poissons, salade de carottes marinées ou encore un excellent chorizo flambé directement sur votre table. Le tout accompagné d'excellents vins du Douro.

Rua da Fábrica, 93 • ☎ 938 704 632 • www.pesticaria.pt • Mar.-jeu. 12h30-minuit, ven.-sam. 12h30-0h30 • Chorizo : 6 € ; conserves : 4,75 € ; salade : 5-6 €.

VOIR AUSSI :

Leitaria da Quinta do Paço I p. 53 I ㊷ Plan H6

Café Piolho I p. 54 I ㊸ Plan H6

Vitória et rua das Flores (Quartier 7 - p. 56)

LSD
Contemporain ㊹ Plan H8

LSD est une adresse en vogue grâce à son espace élégant et accueillant, ainsi qu'au chef João Lameiras, qui fait le pari d'une cuisine mêlant tradition et modernité. Le défi est largement relevé. Nous vous recommandons en particulier le saumon fumé minute accompagné de biscottes à l'encre de seiche

Cantinho do Avillez

(13 €) et le gâteau au chocolat et au caramel au beurre salé (6-8 €).
Largo de São Domingos, 78 • Bus 900, arrêt Ribeira • ☎ 223 231 268 / 910 298 589 • T. l. j. 12h30-18h et 19h30-minuit (ven.-sam. 1h) • Plats le midi : 6-13 € ; plats le soir : 17-20 € • Résa indispensable le soir.

DOP
Gastronomique ㊺ Plan H8

C'est l'un des restaurants gastronomiques de Porto. Son chef Rui Paula jouit d'une grande renommée dans le pays, ce qui ne l'empêche pas d'être souvent présent : aux fourneaux, bien sûr, mais aussi en salle pour saluer les clients et vérifier qu'ils passent un bon moment. Les prix sont élevés pour les standards portugais, mais raisonnables pour un restaurant de ce niveau qui propose une cuisine novatrice, basée sur la tradition culinaire portugaise. DOP signifie *« Degustar e Ousar no Porto »* (Déguster et Oser à Porto)...
Largo de São Domingos, 18 • Bus 900, arrêt Ribeira • ☎ 222 014 313 / 910 014 041 • http://ruipaula.com/web/dop/apresentacao • Lun. 19h30-23h, mar.-sam. 12h30-14h45 et 19h30-22h45 • Menus : 75 et 85 € ; plats : 16-24 € + accompagnement (3-6 €) et sauce (2,50 €).

CANTINHO DO AVILLEZ
Cuisine créative ㊻ Plan H7-8

José Avillez dit avoir rêvé pendant longtemps d'un restaurant à l'atmosphère décontractée et confortable, proposant une cuisine simple et sophistiquée à la fois, qui donne envie de revenir... C'est réussi ! La carte reflète les influences du monde entier de ce jeune chef qui possède déjà plusieurs restaurants à Lisbonne, dont une table étoilée.
Rua Mouzinho da Silveira, 166 • Bus 900, arrêt Mouzinho Silveira • ☎ 223 227 879 • www.joseavillez.pt • Lun.-ven. 12h30-15h et 19h-minuit, sam.-dim. 12h30-minuit ; f. 24 déc. midi et 25 déc. • Plats : 17,50-22,50 € • Résa 1 semaine à l'avance.

CANTINA 32
Contemporain ㊼ Plan H7

Le décor mêlant meubles rétros et objets hétéroclites donne une atmosphère amusante à ce restaurant qui ne se prend pas au sérieux. En guise de « couvert », on commence avec un beurre parfumé à la banane, qui peut être suivi d'un choix de *petiscos* à partager, puis, par exemple, d'une morue braisée (19 €) ou d'une côte de veau rôtie à la broche (25 € pour 2 pers.). Sans oublier les desserts, aussi bons qu'originaux, notamment un *bolo de bolacha* servi au mètre (1 € le cm) et un cheesecake présenté dans un pot de fleurs... Un conseil : allez-y tôt car c'est souvent plein et il n'est pas possible de réserver.
Rua das Flores, 32 • Bus 900, arrêt Mouzinho Silveira • ☎ 222 039 069 • Lun.-sam. 12h30-15h et 18h30-22h30 (23h30 ven.-sam.) • *Petiscos*, sandwichs et salades : 3,50-10 € ; plats : 12,50-28 €.

CHOCOLATARIA DAS FLORES
Pâtisserie ⑱ Plan H7/I7

Tout est fabriqué maison dans cette petite boutique appartenant à une styliste reconvertie dans la confection de chocolats et autres douceurs. Le chocolat y est décliné sous toutes ses formes et avec des saveurs originales et variées telles que citron vert, myrtille ou lavande... Une adresse idéale pour une pause gourmande ou un repas léger : on y déguste aussi une part de quiche ou une salade (2,50-5 €) et un délicieux *pastel de nata* au chocolat au porto (1,20 €).

Rua das Flores, 121 • Bus 900, arrêt Mouzinho Silveira • ☎ 220 185 892 • T. l. j. 9h30-19h • Chocolats : 0,65 € l'unité ; 1,40 € avec un café.

RAIZ
Contemporain ㊾ Plan I7

Raiz apporte autant de soin et de raffinement à son atmosphère qu'à sa cuisine afin de proposer à ses clients une expérience culinaire inoubliable, sur fond de jazz. Au menu : brie pané aux amandes et confiture de framboise, asperges fourrées au jambon fumé et porto, poulpe au four, morue en croûte d'olives, sans oublier leur fondant au chocolat servi dans une casserole qui est à se damner !

Largo dos Lóios, 8 • ☎ 222 010 940 • www.raiz.com.pt • Lun.-dim. 19h-minuit • Entrée : 6-8 € ; plat : env. 18 € ; dessert : env. 5 €.

VOIR AUSSI :

Mercearia das Flores | p. 59 | ㊿ Plan H7/I7

Miragaia (Quartier 8 - p. 60)

VOIR PAUSE :

Taberna Santo Antonio | p. 61 | (51) Plan H7

Palácio de Cristal (Quartier 9 - p. 64)

ROTA DO CHÁ
Salon de thé (52) Plan G6

Rota do Chá (« route du thé ») propose plus de 300 variétés de thés. Ambiance zen et déco orientale dans la salle située à l'étage, ou dans le jardin où l'on s'assied sur des coussins au ras du sol. Il est également possible de se restaurer sur place avec des sandwichs et des plats simples, des pâtisseries et des jus de fruits frais. Dans le coin boutique, on retrouve toutes ces variétés de thés et le matériel nécessaire pour le confectionner à l'orientale.

Rua de Miguel Bombarda, 457 • Bus 301, arrêt Miguel Bombarda • ☎ 220 136 726 / 914 394 027 • www.rotadocha.pt

• Lun.-ven. 11h-20h, sam. 11h-21h, dim. 12h-20h • Menu midi : 7 € ; thé : env. 2,50 € ; brunch t. l. j. à partir de 11h : 12 €.

GULL
Sushis (53) Plan C3

Les amateurs de sushis apprécieront de les déguster sur l'une des plus belles terrasses donnant sur le Douro, très agréable au moindre rayon de soleil ou bien en fin de journée, lorsque les lumières de la ville s'allument peu à peu. Atmosphère sereine garantie !
Cais das Pedras, 15 • Tram 18, arrêt Entre Quintas • ☎ 914 300 038 • Facebook : GullPorto • Mar.-jeu. 12h-15h et 20h-23h, ven. 12h-15h et 20h-minuit, sam.-dim. 13h-16h et 20h-minuit (23h dim.) ; ouv. aussi lun. en été • Menus midi (lun.-ven.) : 13 et 16 € ; sushis (22 pièces) : 30 €.

VOIR AUSSI :

BUGO The Art Burger
I p. 66 I (54) Plan C3

Casa da Música et Boavista (Quartier 10 – p. 68)

CASA AGRÍCOLA
Traditionnel (55) Plan C2

Comme son nom l'indique, cet établissement se situe dans la belle maison seigneuriale d'un ancien domaine agricole du XVIIIe s. Le restaurant se trouve à l'étage, dans un décor de moulures et parquet ciré qui fait se sentir chez soi, les plats de cuisine traditionnelle portugaise *(bacalhau)*

Notre top DES ADRESSES SUR LE POUCE

Il est possible à Porto, comme dans ses environs, de bien manger rapidement et pour vraiment pas cher. Voici notre sélection à prix doux...

Brick Clérigos

A CASA DO EVARISTO

Salades, quiches et sandwichs préparés à la commande au sein d'un espace rétro, convivial et terriblement chaleureux ! Voir p. 110.

VENHAM MAIS 5

Les connaisseurs viennent pour la spécialité de ce petit bar, un sandwich au filet de bœuf et au fromage, le *prego no pão*. Voir p. 112.

CASA GUEDES

Un must quand il s'agit de sandwichs au *pernil de porco*. Voir p. 112.

AMARELO TORRADA

Une variété de *torradas*, ces tranches de pain beurrées, un met simple et typique de Porto. Voir p. 113.

BRICK CLÉRIGOS

Le top en matière de créativité et de fraîcheur des produits. Une expérience culinaire digne d'un grand restaurant ! Voir p. 114.

A TABERNA

Simple et efficace, cette petite « taverne » d'Amarante offre ce qu'il y a de meilleur en matière de charcuterie. Bonne humeur garantie ! Voir p. 133.

Amarelo Torrada

et italienne (risotto) contribuant à cette atmosphère chaleureuse. Le bar situé au rez-de-chaussée permet de prolonger la soirée dans une ambiance plus branchée.

Rua do Bom Sucesso, 241 • Bus 201, arrêt Praça da Galiza • ☎ 226 053 350 • www.casa-agricola.com • Restaurant : lun.-sam. 12h-15h et 20h-23h ; bar avec DJ : t. l. j. jusqu'à 2h • Plats : 22-30 €.

TERRELLA
Cuisine créative (56) Plan B1

Dans la continuité de la Casa da Música, ce restaurant à la déco très moderne propose une cuisine novatrice, bien que d'inspiration traditionnelle, sous la baguette du chef Hélio Loureiro, qui n'est pas aux fourneaux mais participe à l'élaboration des menus. L'endroit est notamment réputé pour son brunch du week-end (buffet 16 €, réservation conseillée).

Rua Ofélia Diogo da Costa, 105 A • M° Casa da Música • ☎ 910 659 368 • Lun.-mar. 8h-18h, mer.-ven. 8h-23h, sam. 11h30-15h30 et 19h-23h, dim. 11h30-15h30 • Plats : 15 € ; menu midi (lun.-ven.) : 11,50 €.

CASA DAS BÔLAS
Sandwichs (57) Plan B1/C1

Les *bôlas* sont des spécialités sucrées ou salées tout droit venues de Lamego (voir p. 85). Les salées consistent en des sandwichs faits à partir de fines fougasses. Servies chaudes ou froides, elles sont farcies de jambon, de fromage, de morue ou encore de sardines. Pour la pause sucrée, goûtez la *bôla de Berlim*, un délicieux petit pain rond fourré de crème pâtissière. Quelques tables pour déjeuner sur place.

Avenida da Boavista, 577 • ☎ 220 135 211 • Mar.-dim. 10h30-19h30 • *Bôla de Berlim* : 1,30 € ; *bôla* salée : 1,60 €.

EM CARNE VIVA
Végétarien (58) Plan B1

Ce restaurant végétarien propose des plats traditionnels portugais aux recettes détournées, sans viande ni poisson. À tester absolument : la *torta de caipirinha* (tarte au citron et à la cachaça, eau-de-vie brésilienne, 6,50 €) ou *le decadência de chocolate* (chocolat, meringue, glace à la mandarine, porto, Oreo). Le cadre est élégant et apaisant, dans une maison ancienne joliment rénovée, avec un agréable jardin où des tables sont dressées aux beaux jours. De quoi convertir les plus carnivores d'entre nous !

Avenida da Boavista, 868 • Bus 201, arrêt Agramonte • ☎ 932 352 722 • www.emcarneviva.pt • Lun.-jeu. 12h-22h, ven.-sam. 12h-23h • Plats : à partir de 11 € ; menu lun.-ven. midi : 9,50 € ; menus dégustation : 45 et 60 €.

PORTO PALÁCIO HOTEL & SPA
VIP (59) Plan A1

Offrez-vous un moment d'exception au sommet d'un hôtel 5-étoiles, dans le salon VIP du Porto Palácio Hotel & Spa. Le buffet permet d'enchaîner un petit déjeuner de

luxe avec un déjeuner raffiné, tout en jouissant d'une vue superbe sur l'estuaire du Douro.
Avenida da Boavista, 1269 • Bus 201, arrêt António Cardoso • ☎ 226 086 600 • www.hotelportopalacio.com • VIP Lounge : lun.-sam. 17h-1h, dim. 10h30-1h (repas légers et bar) • Brunch (dim. 12h-15h30) : 30 €.

CASINHA BOUTIQUE CAFÉ
Petites faims ⑥⓪ Plan B1

Cette « petite maison » abrite à la fois une boutique de produits du terroir et un agréable espace restaurant qui trouve son prolongement dans un jardin où il est agréable de s'installer pour déguster une collation légère (salades, crêpes, tartes salées et pâtisseries) ou un brunch (8-10 € : boisson chaude ou froide, croissant, scone, yaourt, sandwich, pâtisserie), servi à toute heure. Ce lieu convivial et relax, où l'on se sent d'emblée chez soi, remporte un succès tout à fait mérité !
Avenida da Boavista, 854 • Bus 201, arrêt Agramonte • ☎ 934 021 001 • Lun.-sam. 9h-minuit, dim. 10h-22h • Menus (soupe + plat + boisson) : à partir de 4,50 €.

PETÚLIA
Pâtisserie ⑥① Plan C1-2

Cette pâtisserie-chocolaterie régale petits et grands depuis 1972. Son *pão de ló* (18 €/kg) a été élu le meilleur de Porto dans une dégustation à l'aveugle en 2014, et on peut voir, pendant les fêtes de fin d'année, une longue file d'attente devant sa porte pour son fameux *bolo-rei* (16 €/kg), gâteau des rois sans lequel, à Porto, Noël ne serait pas Noël. Rassurez-vous, cette pâtisserie peut ici être dégustée toute l'année, à emporter ou bien sur place, dans un coin cafétéria qui sert aussi des sandwichs et des repas légers.
Rua de Júlio Dinis, 775 • M° Casa da Música • ☎ 226 066 181 • www.petulia.pt • T. l. j. 8h-23h.

VOIR AUSSI :
Mercado Bom Sucesso | p. 70 | ⑥② Plan C1

Foz do Douro (Quartier 11 - p. 72)

CASA VASCO
Tapas ⑥③ Plan p. 72

Ce restaurant et bar à tapas est agréable à toute heure pour un verre, un thé ou un repas léger composé de petits plats originaux d'inspiration internationale.

La salle, prolongée par une terrasse couverte, offre l'atmosphère d'une maison en bord de mer, et les petites portions à prix raisonnables permettent d'éviter de faire des choix : si vous hésitez entre un taco, un ceviche ou un *tataki*, vous pourrez prendre les trois !

Rua do Padrão, 152 • Bus 500, arrêt Praia de Gondarém • ☎ 226 180 602 • Facebook : aCasaVasco • T. l. j. 12h-2h • *Petiscos* : 5-10,50 € ; plats : 11-16 € ; cocktails : à partir de 5 €.

CASA DE PASTO DA PALMEIRA

Cuisine créative ⑥④ Plan p. 72

Endroit idéal pour une petite faim, que ce soit en terrasse devant un charmant port de pêche, ou bien dans une salle exiguë au décor hétéroclite. La carte est renouvelée chaque mois par le chef João Lameiras. Une seule constante : son originalité. Les plats portugais y sont revisités avec des mélanges de saveurs étonnants !
Rua do Passeio Alegre, 450 • Tram 1, arrêt Cantareira • ☎ 226 168 244 • T. l. j. 12h-minuit • Plats : 8-12 € (à partager) • Paiement en espèces seulement.

Casa Vasco

OPORTO CAFÉ

Institution ⑥⑤ Plan p. 72

Le restaurant Oporto, situé sur les hauteurs de Foz, est une institution dans ce quartier huppé de la ville où les grandes familles du vin de Porto aiment se retrouver. Nous lui préférons la version Café au bord du Douro, moins classique mais tout aussi *british*. La morue en croûte de pain de maïs (*bacalhau com broa*, 18 €) y est une valeur sûre, ainsi que le filet de bar à l'huile d'olive (16 €).
Avenida Dom Carlos I, 8 • Tram 1, arrêt P. Alegre • ☎ 226 103 187 • Facebook : Oporto-Café • Dim.-jeu. 12h-minuit, ven.-sam. 12h-2h • Plats : 13,50-18 € ; salades : 8,50-10 €.

BH FOZ

Branché ⑥⑥ Plan p. 72

Le BH est l'un des restaurants et bars les plus branchés de Foz, aménagé dans un superbe bâtiment Art déco de 1945, spacieux et moderne, où aime se retrouver la jeunesse dorée de Porto. L'endroit est agréable pour un verre le soir, ou un repas dans une ambiance détendue, avec à la carte des sushis (27 € les 25 pièces), des pizzas (10-15 €) et d'autres plats italiens ou portugais.
Avenida do Brasil, 498 • Bus 500, arrêt Praia de Gondarém • ☎ 910 993 040 • www.bhfoz.pt • T. l. j. 12h-15h et 19h-23h (ven.-sam. minuit ; bar jusqu'à 3h) • Menu du jour (midi) : 10 € ; soir : env. 20-25 €, plats : 14-20 € • Résa conseillée.

PADARIA FORMOSA
Boulangerie ⑰ Plan p. 72

Beaucoup d'habitants du coin n'achèteraient pas leur pain ni leurs gâteaux ailleurs que dans cette boulangerie traditionnelle de Foz, qui existe depuis 1898. Tous ses pains sont cuits au feu de bois, en particulier sa *broa* (1,85 €/kg), fameux pain de maïs qui nécessite quatre heures de levée puis trois heures de cuisson. Vous trouverez aussi des gâteaux, thés et confitures, ainsi qu'une petite table si vous voulez vous assurer sur place de la qualité des produits !

Rua de Gondarém, 362 • Bus 500, arrêt Praia de Gondarém • ☎ 226 180 781 • www.padariaformosa.com • Lun.-ven. 7h-19h, sam. 7h-18h, dim. 8h-13h.

TAVI - CONFEITARIA DA FOZ
Pâtisserie ⑱ Plan p. 72

Cette très bonne pâtisserie est dotée d'une terrasse couverte avec une vue superbe sur l'Océan. Il est également possible d'y déjeuner, et, en été, d'y dîner. L'endroit est connu depuis 1935 pour ses *bôlas de Berlim* (beignets fourrés de crème pâtissière) et ses *pastéis de nata* (petits flans sur une pâte feuilletée), sans aucun doute parmi les meilleurs de Porto !

Rua da Senhora da Luz, 363 • Bus 500, arrêt Praia dos Ingleses • ☎ 226 180 152 • www.tavi.pt • T. l. j. 8h30-20h (23h/minuit 12 juin-30 août) • Brunch : env. 16 € ; déjeuner : env. 12-15 € ; *pastéis de nata* : 0,90 € à emporter, 1 € en salle, 1,20 € en terrasse.

SOUNDWICH
Sandwichs ⑲ Plan p. 72

Le concept : des sandwichs et des salades dont les recettes ont été élaborées par de grands chefs portugais, servis dans des boîtes en métal qui émettent, quand on les ouvre, des musiques choisies par ces mêmes chefs pour accompagner leur création. L'ambiance jazzy est également assurée par une radio partenaire,

Les habitants de Porto ou *tripeiros*

Amateurs de tripes, vous êtes au bon endroit ! La population de Porto s'enorgueillit depuis un peu plus de 600 ans de ce curieux surnom de *tripeiros* (mangeurs de tripes) qui rappelle sa généreuse participation à la première expédition menée par l'Infant Henrique en Afrique du Nord, en 1414. Il est vrai que, natif de Porto, l'Infant (qui n'était encore navigateur qu'en rêve) était très apprécié de la population, qui l'aida à équiper ses 270 navires en matériel et en provisions. Légende ou réalité... on raconte que les habitants de Porto lui donnèrent ainsi toutes les viandes de la ville, ne gardant pour eux que les abats.

se mariant harmonieusement avec le cadre : un adorable écovillage inséré dans le Parque da Cidade. Mieux vaut y aller tôt le week-end pour éviter d'attendre longtemps. Mais si vous n'êtes pas pressé et qu'il fait beau, la terrasse est idyllique ! Ne manquez pas le gâteau au chocolat fondant (4,50 €), servi tiède.

Parque da Cidade • Beco das Carreiras, 64/65 (avenida do Parque, 595) • Bus 504, arrêt Parque da Cidade • ☎ 223 228 117 / 919 772 527 • www.soundwich.pt • Mar.-ven. 12h-20h, sam.-dim. 10h-20h, f. lun. et mar. en hiver • *Soundwichs* et salades *(Tapewich)* : 7,50 € ; desserts : 3,50 € ; plat midi : 9,95 €.

BAR TOLO
Petites faims ⑦⓪ Plan p. 72

Le Bar Tolo est un petit resto tout simple, à la déco nature, style maison de campagne. L'endroit s'avère idéal pour les petites faims, avec au menu (présenté sur des bandes dessinées de Spirou ou d'Astérix) des *petiscos* savoureux à partager : tartare de thon (8 €), camembert rôti (7 €), et de bonnes salades (9-10 €). Différents espaces au choix, avec deux terrasses, dont une perchée en haut du bâtiment, donnant sur la mer, et deux salles, dont une fumeurs avec un coin bar.

Rua da Senhora da Luz, 185 • Bus 500, arrêt Senhora da Luz • ☎ 224 938 987 • Mer.-lun. 12h30-minuit (bar jusqu'à 2h sam.-dim.) • Menu du jour (lun.-ven.) : 8 € ; cocktails : 5-8 €.

PISCA
Tapas, bistrot ⑦① Plan p. 72

Situé face au Douro, ses barques de pêcheur et sa magnifique promenade, Pisca est une pépite où l'on rêve de se rendre à l'apéro par une belle journée d'été. Dans votre assiette, vous retrouverez tout ce qui se fait de mieux en matière de tapas : calamars frits, croquettes de morue, tortilla, salade de

poulpes, beignets aux coques *(rissóis de berbigão)*, sardines grillées... accompagnées d'un bon verre de vin blanc, un délice !
Rua do Passeio Alegre, 294 • ☎ 931 960 877 • Dim.-jeu. 12h-23h, ven.-sam. 12h30-1h • Tapas : 3-8 € ; plats : env. 13-16 €.

TIA ANINHAS
Traditionnel (72) Plan p. 72

Il n'est pas impossible que vous croisiez ici certains des architectes dont nous parlons dans ce guide, qui ont leurs bureaux à deux pas de là et ont fait de Tia Aninhas leur cantine. Le service bat tous les records de rapidité, pour un menu à un prix défiant toute concurrence, avec chaque jour une proposition de cinq ou six plats différents : poissons grillés, *cabrito* (chevreau), tripes, *arroz de pato*... Aux beaux jours, vous pourrez vous installer en terrasse, avec vue sur le Douro. Que demander de plus ?
Rua do Senhor da Boa Morte, 15 • Tram 1, arrêt Gás • ☎ 226 162 850 • T. l. j. 12h-22h30 (sf dim. soir) Menu du jour (soupe, plat, boisson, café) : 5,50 € à midi, 7,50 € le soir et le dimanche ; desserts : 2-4 € (paiement en espèces seulement).

ICHIBAN
Japonais (73) Plan p. 72

Chez Ichiban, on sert d'excellents sushis, mais pas seulement... La carte propose un grand choix de plats traditionnels japonais, réalisés par un chef venu tout droit du pays du Soleil-Levant. Les Japonais qui vivent à Porto adorent cette adresse !
Avenida do Brasil, 454 • Bus 500, arrêt Praia de Gondarém • ☎ 226 186 111 / 934 044 995 • www.ichiban.pt • Mar.-sam. 12h30-15h et 19h30-23h (1h ven.-sam.), dim. 12h30-15h • Menus midi : 18,50-22,50 € ; plats : 7,50-22,50 € ; sushis (10 pièces) : 15 €.

PEDRO LEMOS
Gastronomique (74) Plan p. 72

Le chef Pedro Lemos est une star à Porto. Sa cuisine raffinée met le Portugal à l'honneur avec des plats traditionnels élevés au niveau de la grande cuisine. L'addition reste assez raisonnable pour un restaurant de ce standing : compter 65 à 100 € par personne pour un repas complet sans les vins.
Rua do Padre Luís Cabral, 974 • Bus 500, arrêt Passeio Alegre • ☎ 220 115 986 • www.pedrolemos.net • Mar.-sam. 12h30-15h et 19h30-23h.

O MELHOR BOLO DE CHOCOLATE DO MUNDO
Tout choco ! (75) Plan p. 72

Le meilleur gâteau au chocolat du monde est portugais, c'est officiel ! Il est composé d'une meringue, d'une mousse et d'un glaçage au chocolat, mais nous ne pouvons vous en dire plus, car sa recette est précieusement gardée secrète dans un coffre fermé par sept clés, paraît-il. On a le choix entre le *bolo meio amargo* (70 % de cacao) et le *tradicional doce*

(53 % : attention, très sucré). Ce délicieux gâteau est également vendu dans la Baixa, au Lado B Café (rua de Passos Manuel, 190).
Rua do Padrão, 8 • Bus 500, arrêt Praia de Gondarém • ☎ 222 082 727 / 910 539 999 • www.omelhorbolode chocolatedomundo.com • Lun.-ven. 8h30-20h, sam.-dim. 9h-20h • Part de gâteau : 2,50 € ; thé : 2 €.

CASA D'ORO
Italien ⑯ Plan p. 72 et A3

Aménagé dans les bureaux des ingénieurs qui supervisèrent les travaux de construction du ponte da Arrábida en 1963, Casa d'Oro bénéficie d'un spot exceptionnel sur le fleuve : les terrasses de la pizzeria surplombent le Douro, tandis que le restaurant italien se trouve au niveau de l'eau. Les couchers de soleil y sont inoubliables, agrémentés, pour les gourmands, de *focaccias* au nutella (5,50 €) ou à la ricotta et au miel.
Rua do Ouro, 797 • Tram 1, arrêt Secil • ☎ 226 106 012 • http://casa doro.pt • Pizzeria : lun.-jeu. 12h30-15h et 20h-23h, ven.-dim. 12h30-minuit ; pizzas : 7-14 € • Restaurant : t. l. j. 12h30-14h30 et 20h-23h ; pâtes 3,5-7 €, plats de viande ou de poisson 13,50-18 € • Résa possible seulement pour le restaurant.

VOIR AUSSI :
Praia da Luz | p. 74.

Casa d'Oro

Vila Nova de Gaia (Quartier 12 - p. 78)

DOM LUÍS
Traditionnel ⑦⑦ Plan D5

Ce restaurant n'a qu'une toute petite salle, sans terrasse ni vue, c'est cependant une des meilleures tables du coin, qui plus est à petit prix. La morue braisée y est parfaite, mais vous pouvez aussi vous laisser guider par les suggestions des deux frères qui ont à cœur de servir ce qui se fait de mieux au Portugal, et le font avec sérieux et brio !

Avenida Ramos Pinto, 266 • Bus 901, arrêt LGO. Aljubarrota • ☎ 223 751 251 • Mar.-dim. 12h-15h et 19h-23h • Plats : 10-15 € • Résa conseillée.

DOURUM
Traditionnel ⑦⑧ Plan E4-5

Petiscos (5-10 €), viandes ou poissons grillés, desserts, vins de pays : il n'y a pas de fausse note dans ce petit restaurant idéalement situé sur les quais de Gaia. Sa petite terrasse est également agréable pour boire un verre en fin de soirée, face à la Ribeira et sous la protection du ponte Dom Luís I.

Avenida Diogo Leite, 454 • Bus 901, arrêt Ponte Dom Luís I • ☎ 220 917 911 • T. l. j. 12h-23h • Plats : 15-25 €.

THE YEATMAN HOTEL
Gastronomique ⑦⑨ Plan E5

Le restaurant de l'hôtel Yeatman vaut incontestablement le détour. Pour sa cuisine très raffinée, bien sûr, mais aussi pour ses vins sélectionnés par le groupe Taylor's (propriétaire de l'hôtel) pour faire de ce moment une expérience inoubliable, tout en profitant d'une vue exceptionnelle sur Porto.

Rua do Choupelo, 88 • Mº General Torres • ☎ 220 133 100 • www.the-yeatman-hotel.com • Lun.-ven. 19h30-22h30, sam.-dim. 12h30-15h et 19h30-22h30 • Menus midi : à partir de 65 € ; menus soir : 90, 120 et 145 €.

VINUM - GRAHAM'S
Contemporain ⑧⓪ Plan C5

Dans un cadre superbe, avec un chai immense et une terrasse

Vinum - Graham's

donnant sur le Douro, le restaurant de Graham's propose une cuisine de grande qualité. Sa côte de bœuf (28 €) en particulier, de la région de Trás-os-Montes, est exceptionnelle. Vins du Douro et portos vous seront suggérés tout au long du repas, en accord avec les plats choisis. Laissez-vous guider !

Rua do Agro, 141, à Vila Nova de Gaia • Bus 901, arrêt Agro • ☎ 220 930 417 • www.vinumatgrahams.com • T. l. j. 12h30-16h et 19h30-minuit • Plats : de 25 à 65 €.

VOIR AUSSI :

Terrasse Lounge 360° | p. 80 | (81) Plan E5

En dehors des visites - Matosinhos

Cette petite station de bord de mer, accessible par la ligne A du métro et par le bus 500, est très prisée pour son spot de surf, mais surtout pour son marché aux poissons (lun.-sam. 10h-19h30) et ses multiples restaurants. Pour vivre une expérience atypique, rendez-vous rua dos Heróis de França, où la plupart des restaurants installent des barbecues de fortune devant leurs établissements afin de vous griller le poisson du jour de votre choix. Fraîcheur garantie ! Même si ces restaurants proposent tous plus ou moins la même chose, nous vous conseillons les suivants.

O LUSITANO
Cuisine de la mer

Ce petit restaurant ne paie pas de mine, mais il offre l'un des meilleurs rapports qualité-prix du quartier et fait partie de ces adresses incontournables pour les amateurs de poisson. L'accueil y est agréable et les serveurs parlent le français.

Rua Heróis de França, 329 • M° Brito Capelo • ☎ 229 375 902 • T. l. j. 12h-15h et 19h-23h • Sardines grillées : 9 € ; morue : 23 €.

O VALENTIM
Traditionnel

L'un des rares restaurants de la rue à offrir un cadre moderne. La cuisine reste toutefois traditionnelle, avec d'excellents poissons grillés ou cuits au sel, des calamars *(lulas)* frits délicieusement fondants et une très bonne soupe de poisson. Attention, cet établissement dispose d'un espace fumeurs, préférez une autre adresse si la fumée vous gêne.

Rua Heróis de França, 263 • M° Brito Capelo • ☎ 229 388 015 / 917 546 747 • http://ovalentim.com • T. l. j. 12h-23h • Saumon grillé : 9 € ; sardines : 8 € ; plats : 13-25 €.

O FILIPE
Cuisine de la mer

Très prisé des Portuenses, face au port. Pour les non amateurs de poissons, on y sert également un délicieux pavé de bœuf entouré de lard (14,50 €). Attention toutefois au prix des entrées servies d'office (que vous pouvez refuser).

Rua Engenheiro Duarte • Pacheco, 36 • M° Mercado • ☎ 229 377 181 • Lun.-sam. 12h-16h et 19h-minuit, dim. 12h-16h • Plats : 15-20 €.

CENTRAL CHURRASCO
Grillades

Dans un ancien entrepôt, restaurant spécialisé dans les grillades : poissons, bœuf ou poulet cuits au barbecue, à emporter ou bien à consommer sur place. Les prix sont raisonnables, et la qualité des produits constante. Parking gratuit derrière le restaurant.

Avenida Serpa Pinto, 137 • M° Mercado • ☎ 229 388 014 • www.centralchurrasco.pt • T. l. j. 12h-15h30 et 18h30-22h30 • Poulet grillé : 5,90 € ; *picanha* (bœuf) : 16,50 € pour 2 pers.

Central Churrasco

TUBARÃO
Cuisine de la mer

Situé dans une ruelle proche du port, ce charmant restaurant servant des grillades de poissons (selon arrivage), en deux portions différentes selon votre faim, est une autre valeur sûre parmi les nombreux restaurants de poissons du quartier.

Rua do Sul, 65 • M° Mercado • ☎ 911 060 939 • Lun.-sam. 12h-15h30 et 19h-22h30, dim. 12h-16H • Petite portion : env. 8 € ; portion normale : env. 15 €.

La vallée du Douro (Visite 13 – p. 84)

VELADOURO
Traditionnel 82 Plan p. 84

On apprécie l'ambiance chaleureuse de ce petit restaurant situé au bord du Douro. Le couple de patrons, très accueillant, fait parfois venir des musiciens et chanteurs le samedi soir.

La cuisine y est traditionnelle,

avec des viandes et poissons grillés. S'il fait beau, la petite terrasse donnant sur le Douro est très agréable, malgré le parking en premier plan.

Rua da Praia, 3, à Pinhão • ☎ 254 738 166 • Mar.-dim. 12h-15h et 19h-21h30 • Plats : 12-15 €.

TOCA DA RAPOSA
Régional (83) Plan p. 84

Cette table mérite amplement les quelques kilomètres de détour qu'il faut faire pour y accéder. Le service comme la cuisine, tout y est familial, avec un souci constant de qualité et de satisfaction du client. Avec des plats régionaux cuisinés à l'ancienne et une carte des vins primée dans des concours nationaux, le plus difficile est de faire un choix !

Rua da Praça, à Ervedosa do Douro • São João da Pesqueira • ☎ 254 423 466 • T. l. j. 8h-2h • Plats : 12,50-17 €.

LARGO DO PAÇO
Grande table (84) Plan p. 84

Situé dans un hôtel de la chaîne Relais & Châteaux, ce restaurant propose une cuisine inspirée de la gastronomie régionale, qui réussit l'alliance du traditionnel et du contemporain. Les desserts sont par exemple basés sur les recettes millénaires des couvents de la région, un vrai délice ! Un plaisir plus accessible à midi en semaine, avec un menu à 35 €.

Largo do Paço, 6, à Amarante • ☎ 255 410 830 • Facebook : Largo do Paço • T. l. j. 12h30-15h et 19h30-22h30 • Menus : 95 et 140€ ; plats : env. 30 €.

A TABERNA
Sandwichs, tapas (85) Plan p. 84

Cette minuscule taverne qui comprend une terrasse à l'arrière est aussi chaleureuse que joyeuse : un oiseau chantant vous accueille à l'entrée, des jambons pendent au plafond, des guirlandes de polaroïds recouvrent les murs de pierres et le menu est inscrit sur l'étiquette d'une bouteille de vin dressée sur chaque table. Sandwichs, croquettes, chorizo grillé, *caldo verde*... tout y est délicieux et à tout petit prix !

Rua 31 de Janeiro, 22, à Amarante • ☎ 935 531 920 • Lun.-ven. 11h-23h sam.-dim. 9h-23h45 • Sandwichs : 2,50-4 € ; chorizo : 5 € ; *caldo verde* : 1,50 €.

CONFEITARIA DA PONTE
Pâtisserie (86) Plan p. 84

Sa terrasse située au-dessus du Tâmega et aux pieds du pont vous invite à la paresse et à la rêverie. Profitez-en pour goûter les pâtisseries locales fortement sucrées, mais tellement délicates : *São Gonçalos, Brisas do Tâmega, Foguetes, Papos de Anjo, Lérias*... Vous pouvez aussi vous diriger vers les classiques

portugais *(pastéis de nata, bôla de Berlim)*, tout aussi succulents !
Rua 31 de Janeiro 186, à Amarante • ☎ 932 533 417 • www.confeitariadaponte.pt • T. l. j. 8h30-20h • Pâtisserie : à partir de 2 €.

VINDOURO
Contemporain (87) Plan p. 84

Ce restaurant assez sombre et froid de prime abord cache en réalité une carte innovante et variée dont les plats, plutôt copieux, fondent en bouche ! En entrée, optez pour une salade de poulpes servie sur une tranche de pain grillée à l'huile d'olive, puis poursuivez avec un confit de morue ou un chevreau rôti. Attention, le pain et les olives sont facturés 2,50 € chacun. Refusez-les si vous ne les voulez pas.
Rua Macário Castro, 39, à Lamego • ☎ 254 401 698 • www.restaurantevindouro.com • Lun.-jeu. 12h-14h30 et 19h30-22h, ven.-sam. 12h-15h et 19h30-22h30, dim. 12h-15h • Salade de poulpes : 8,50 € ; plats : 13-17 €.

VOIR AUSSI :
Conceitus Winery Restaurant | p. 87.

Braga, Bom Jesus et Tibães (Visite 14 - p. 90)

Spirito Cupcakes & Coffee

SPIRITO CUPCAKES & COFFEE
Pâtisserie (88) Plan p. 90

Halte obligatoire pour les gourmands : cupcakes et glaces artisanales à déguster en terrasse, sur une très jolie place du centre de Braga. Les créateurs de ce concept se sont formés à Rome, Bologne et Naples pour connaître la recette de la véritable glace artisanale italienne, et ils sont allés jusqu'à Londres, Tokyo et New York pour y apprendre l'art de confectionner des cupcakes.
Largo de São João do Souto, 19 • ☎ 253 062 861 • www.spiritocupcakes.com • Lun.-jeu. 13h30-19h, ven.-sam. 13h30-19h et 21h-minuit ; f. j.f. • Cupcakes : 1,60 € ; glaces : à partir de 2,20 €.

Copo 1/2

cuisine traditionnelle de l'île de Madère, attablé sur la terrasse, face au magnifique siège de l'administration de l'université du Minho. Le *bôlo do caco* (pain à l'ail et au persil) est un incontournable, tout comme leur mijoté de porc cuisiné à l'ail et au vin, à consommer en plat ou en sandwich. En digestif, n'oubliez pas de tester le vin de Madère.
Largo do Paço, 12-13 • ☎ 962 031 035 • T. l. j. 11h-minuit • *Bolo do caco* : 2,50 € ; porc mijoté : 3,50 € (sandwich) et 6 € (plat).

RETROKITCHEN
Traditionnel (89) Plan p. 90

Ce petit restaurant propose une cuisine simple, savoureuse et pleine de couleurs, à l'image des patrons, Tânia et Rui, toujours là pour vous accueillir avec le sourire, heureux de vous faire découvrir leurs petits plats maison (notamment le pavé de bœuf grillé, 9 €). On aime aussi les innombrables objets hétéroclites qu'ils ont chinés pour donner à leur restaurant cette atmosphère vintage, mais pas trop, juste comme il faut !
Rua do Anjo, 96 • ☎ 253 267 023 • Facebook : Retrokitchen • Lun. et mer.-sam. 10h-minuit • Menu midi (soupe + plat + boisson et café) : 6 €.

ESTEPILHA DA PONCHA
Cuisine de Madère (90) Plan p. 90

Voici une excellente adresse pour découvrir et savourer la

COPO 1/2
Tapas (91) Plan p. 90

Ce restaurant et bar à tapas conjugue parfaitement l'ancien et le moderne dans ses différents espaces (fumeurs ou non) répartis sur 4 étages et il possède une agréable terrasse donnant sur le centre historique de Braga. La cuisine y est régionale, avec, parmi les plats les plus populaires, des *pataniscas de bacalhau* (beignets de morue, 9,50 €), du *polvo à lagareiro* (poulpe au four, 15 € pour 2) et de l'*arroz de pato* (riz au canard, 14 € pour 2).
Rua Dom Frei Caetano do Brandão, 118 • ☎ 964 449 600 • Lun.-sam. 12h-15h et 18h-2h.

A BRASILEIRA
Institution (92) Plan p. 90

Inauguré en 1907, A Brasileira est le café historique de Braga. Idéalement situé au cœur du

Les saveurs de Porto ET DU DOURO

Cinq restaurants pour avoir un aperçu des spécialités de la gastronomie portugaise.

TABERNA DOS MERCADORES

Pour une rencontre réussie avec la cuisine portugaise, poissons et fruits de mer en particulier. Voir p. 105.

ABADIA

Sa déco est aussi typique que sa cuisine ! Les plats traditionnels sont savoureux et bien servis. Voir p. 110.

DOM LUÍS

Une cuisine locale préparée avec rigueur, savoir-faire et passion. Voir p. 130.

Café Santiago

CAFÉ SANTIAGO

C'est ici qu'il faut venir goûter la *francesinha*, cette spécialité qui ressemble à notre croque-monsieur. Voir p. 112.

centre-ville, il continue d'attirer les foules aussi bien grâce à son atmosphère mi-Belle Époque mi-bohème, qu'à sa carte de bistrot bien achalandée à petits prix et sa vaste terrasse. Sandwichs, salades, tartines, burgers, gâteaux, de quoi se restaurer à toute heure de la journée.

Largo do Barão de São Martinho, 17 • ☎ 253 262 104 • Dim.-jeu. 8h-minuit, ven.-sam. 8h-2h • Sandwichs : 2,50-5 € ; burger : 6,50 € ; salades : 6-8 €.

CASA ESTAROLAS

Tasca **93 Plan p. 90**

On peut se régaler à petit prix dans cette authentique *tasca* à l'ancienne. Son produit phare : l'*arroz pica-no-chão*, une spécialité locale à base de riz, de poulet et de lard. Le poulet est ici garanti fermier, en revanche il vous faudra prévoir votre venue et commander ce plat si possible 48h avant. Sinon, vous pourrez vous rabattre sur l'*arroz de*

pato (riz au canard, 7 €) ou sur le *bacalhau à Estarolas* (morue frite, 11 €), également délicieux.
Rua de São Victor, 93 • ☎ 253 263 078 • Lun.-sam. 11h-15h et 18h-22h30 • Menu midi : 6 €.

ANJO VERDE
Végétarien ⑭ Plan p. 90

Les portions sont copieuses dans ce très bon restaurant végétarien, vous ne devriez pas avoir faim en sortant ! À la carte, des risottos, tartes et légumes de saison, ainsi qu'un bon choix de desserts, avec une mention spéciale pour le gâteau au chocolat et au piment.
Largo da Praça Velha, 21 • ☎ 253 264 010 • Lun.-sam. 12h-15h et 19h30-22h30 • Plat du jour : 7-8 €.

VOIR AUSSI :
Casa Rolão | p. 91.

Guimarães (Visite 15 - p. 94)

NOVO NORA DO ZÉ DA CURVA
Traditionnel ⑮ Plan p. 94

Voici une très bonne adresse pour découvrir la gastronomie traditionnelle du Minho. Les viandes braisées *(cabrito* ou *vitela)* valent le détour, ainsi que le *bacalhau à Brás*, sans oublier les desserts. Le patron se fera un plaisir de vous expliquer en français la composition de chacun des plats de la carte, et de vous conseiller un bon *vinho verde* pour les accompagner.
Rua da Rainha Dona Maria II, 125/129 • ☎ 253 086 602 • Facebook : Novo Nora Zé da Curva • T. l. j. 12h-15h et 19h-23h • Plats : 13-20 €.

HISTÓRICO BY PAPABOA
Traditionnel ⑯ Plan p. 94

Cet ancien palais du XVIIe s. a été transformé pour accueillir différents espaces : restaurant, bar à tapas, salon de thé et crêperie. Le jardin est également très agréable aux beaux jours. En cuisine, l'accent est mis sur les plats traditionnels du Minho. Des groupes viennent animer les soirées les jeudis (fado), vendredis et samedis soir.
Rua Valdonas, 4 • ☎ 253 412 107 / 915 429 700 • www.papaboa.pt/historico • T. l. j. sf. mar. 12h-15h et 19h-23h • Plats : 12-15 €.

Histórico by Papaboa

CLARINHA
Pâtisserie (97) Plan p. 94

Vous trouverez dans cette pâtisserie toutes les spécialités sucrées de Guimarães, notamment les *pastéis de chila* (0,95 €) – le *chila* est une sorte de courge filandreuse – et les *toucinhos do céu* (1,60 €), gâteaux aux amandes dont la recette du couvent de Santa Clara remonte au XVIIIe s. Cette halte gourmande vous permettra de découvrir les beaux immeubles du XVIIe s. du largo do Toural, aujourd'hui l'endroit le plus vivant de la ville.

Largo do Toural, 86-88 • ☎ 253 516 513 • T. l. j. 8h-20h (ven.-sam. 23h).

VOIR AUSSI :
Cor de Tangerina | p. 97.

Aveiro (Visite 16 – p. 98)

O BATEL
Cuisine de la mer (98) Plan p. 98

Dans un décor de bateau, ce petit restaurant chaleureux nous embarque logiquement vers une cuisine de poissons et fruits de mer extrafrais et très bien préparés. Les gambas et le *bacalhau com broa* (14 €) y sont particulièrement appréciés. Une adresse à ne pas manquer, assurément !

Travessa Tenente Resende, 21 • ☎ 234 484 234 / 967 938 537 • Lun.-sam. 12h-15h et 19h30-23h30 • Plats : 10-15 €.

A TASCA DO CONFRADE
Cuisine de la mer (99) Plan p. 98

On trouve d'excellents poissons et fruits de mer dans cet établissement auquel la clientèle locale est fidèle. Sa salle est rustique mais soignée et accueillante, tout comme le personnel. Un excellent rapport qualité-prix et un bon endroit pour découvrir la gastronomie locale.

Rua dos Marnotos, 34 • ☎ 234 386 381 • Mar.-dim. 10h-15h et 18h30-23h • Plats : à partir de 8 €.

MERCADO DO PEIXE
Cuisine de la mer (100) Plan p. 98

Comme l'indiquent son nom et surtout son emplacement, ce restaurant situé au-dessus du marché aux poissons est un incontournable pour les amateurs de produits de la mer. Il offre un joli point de vue sur le canal et ses bateaux colorés. Ne pas se laisser impressionner par les prix affichés de plats entre 35 et 45 € : ça n'est pas un prix par personne mais par *tacho* (marmite) à partager à deux, voire trois personnes.

Largo da Praça do Peixe, 1 • ☎ 234 241 928 • http://mercadopeixe aveiro.pt • T. l. j. 12h30-15h et 19h30-22h30 (oct.-mai : f. dim. soir).

O TELHEIRO
Traditionnel (101) Plan p. 98

Ce restaurant traditionnel au cadre rustique propose une carte d'inspiration régionale : poissons grillés, poulpes, crevettes et anguilles, mais aussi du chevreau *(cabrito)* et du bœuf braisé au four. Pour le dessert, laissez-vous tenter par la *sopa dourada* (3,95 €), combinaison de deux desserts de la région : le *pão de ló* et les *ovos moles*.

Largo da Praça do Peixe, 20 • ☎ 234 429 473 • Mar.-dim. 12h-15h30 et 19h30-22h30 • Plats : 10-18 €.

PASTELARIA ROSSIO
Pâtisserie (102) Plan p. 98

On trouve dans cette pâtisserie toutes les spécialités sucrées de la région. Ses *ovos moles* sont considérés comme les meilleurs de la ville par les connaisseurs, et son *pão de ló*, réalisé à l'ancienne, fait également l'unanimité.

Rua João Mendonça, 16 • ☎ 234 424 653 • Lun.-sam. 7h30-19h (20h en été), dim. et j.f. 9h-19h (20h en été) • *Ovo mole* : 20 €/kg.

A Tasca do Confrade

VOIR AUSSI :
Casa de Chá Arte Nova | p. 100.

Saveurs et traditions

Les habitants du nord du Portugal sont particulièrement attachés à leurs traditions culinaires, et la gastronomie locale ne se résume pas à la morue, loin de là, même si cette dernière en est la star. Voici un petit tour d'horizon des saveurs à découvrir dans une région où l'authenticité va de pair avec la convivialité.

LE *BACALHAU*

La morue est arrivée au Portugal avec les Vikings, venus chercher du sel à Aveiro, et n'est plus jamais repartie. Un accord conclu au Xe s. avec l'Angleterre autorisa les Portugais à aller pêcher dans les mers du Nord, et les techniques de conservation se développèrent : le poisson était lavé et salé directement sur le bateau, puis séché. Jadis plat du pauvre, la morue est devenue un produit cher et recherché, décliné dans une multitude de recettes et servi pour les grandes occasions. Personne ici ne songerait à fêter Noël sans un plat de *bacalhau* sur la table !

La *francesinha*

Ce drôle de sandwich tant apprécié des Portuenses aurait été inspiré du croque-monsieur parisien, d'où son nom : « petite française ». La plupart des restaurants l'ont à la carte, et chaque année magazines et blogs organisent l'élection de « la meilleure *francesinha* de l'année ». Tout son secret réside dans sa sauce épicée, qui ne compte pas moins de 24 ingrédients ! Entre les deux tranches de pain de mie se superposent de fines tranches de jambon, mortadelle, bœuf, saucisse, chorizo... Servie avec des frites, la *francesinha* rassasie les plus affamés !

LES POISSONS ET LES FRUITS DE MER

Matosinhos (voir p. 131) est une escale obligatoire pour les amateurs de poissons et de fruits de mer. Ce port de pêche regorge de petits restaurants où les produits de la mer sont mis en valeur par une cuisine simple et savoureuse. Prévoir un petit tour au Mercado (rua França Júnior), histoire de se mettre en appétit avant de s'attabler dans une *tasca* des alentours pour commander ce que vous préférez : *robalo* (bar), *dourada* (daurade), *sardinhas* (sardines), *lulas* (calamars), *linguado* (sole) ou autres délices de la mer.

LES PLATS DE VIANDES

Les amateurs de viande ont également de quoi se régaler à Porto, même si ce sont les abats qui tiennent la vedette, avec les *tripas à moda do Porto* (tripes cuisinées aves des haricots blancs et du lard). Parmi les incontournables de la région, on trouve le *cabrito assado* (chevreau rôti), le *cozido à Portuguesa* (pot-au-feu), l'*arroz de pato* (riz au canard, plat originaire de Braga), le *leitão* (cochon de lait, spécialité des environs d'Aveiro) et l'*alheira* (une saucisse de gibier de Trás-os-Montes).

Pastéis de nata

LES SOUPES

Les Portugais ont gardé la très saine habitude de commencer leur repas par une soupe. Les potages figurent donc à la carte de la plupart des restaurants. Parmi les plus populaires : le ***caldo verde,*** à base de pomme de terre, chou et chorizo, qui est typique du nord du pays ; la ***sopa da pedra,*** composée de légumes et de viande, pouvant constituer un plat complet ; et le ***canja,*** un bouillon de poule agrémenté de petites pâtes.

LES PRODUITS DU TERROIR

Avec six régions d'origine protégée (DOP), le Portugal produit une **huile d'olive** raffinée et fruitée, dans laquelle il faut tremper son pain sans complexe en attendant d'être servi au restaurant. Si l'attente se prolonge, ne pas hésiter à commander un plateau de **charcuterie** afin de goûter aux savoureux *presuntos* (jambon cru) et *enchidos* (saucisses fumées ou séchées) de la région. Les **fromages** secs sont également souvent servis en apéritif, tandis que les plus moelleux, comme le *queijo* Serra da Estrala, se consomment en dessert, accompagnés de confiture de raisin ou de cerise noire.

LES DOUCEURS CONVENTUELLES

Pastéis de nata, toucinhos do céu, papos de anjo, pão de ló, queijadinhas, jesuítas... Les vitrines des pâtisseries regorgent de gâteaux aux consonances et aux saveurs divines. Et pour cause ! La plupart de leurs recettes ont été imaginées, il y a plusieurs siècles, dans les nombreux couvents du pays. Les robes des moines et des religieuses étaient amidonnées avec du blanc d'œuf, et il fallait bien trouver une manière de ne pas gâcher tous les jaunes d'œuf restant. Le sucre a en outre envahi le Portugal au XVe s., avec le développement de la culture de la canne à sucre à Madère.

Bars, clubs & sorties

PAR QUARTIER

Les coups de cœur DE NOTRE AUTEUR 2018

Porto ne manque pas de lieux où boire un verre et faire la fête... Parmi tous les bars à vins, lieux de concert et clubs que notre auteur a testés, voici ses préférés !

WINE QUAY BAR

Le meilleur spot pour apprécier la magie de la Ribeira la nuit. Voir p. 146.

BASE

Mon adresse préférée pour un début de soirée en douceur et en extérieur. Voir p. 150.

PLANO B

Mixée ou live, toute la musique que j'aime. Voir p. 151.

CAFÉ AU LAIT

L'autre adresse pour les amateurs de bonne musique. Voir p. 151.

Radio Bar

RADIO BAR

Envie de danser ? Je file chez Radio Bar, et je ne peux plus m'arrêter. Voir p. 147.

GARE PORTO

Une étape obligatoire pour les amateurs de musique mixée par des DJ internationaux de haute volée. Voir p. 149.

CAFÉ LUSITANO

Autre ambiance au Lusitano, dont j'adore la chaleur du décor et le mélange des genres. Voir p. 153.

KASA DA PRAIA

Pour danser jusqu'à l'aube et attendre l'arrivée des premiers surfeurs. Voir p. 161.

Kasa da Praia

À SAVOIR

GALERIA DE PARIS *BY NIGHT*

Réputée laborieuse et austère, Porto est pourtant devenue une ville où l'on fait la fête ! Très récemment (fin des années 2000), la rua da Galeria de Paris et ses parallèles Cândido dos Reis et Conde de Vizela se sont en effet converties à la vie nocturne, avec l'ouverture d'une multitude de bars et de clubs qui en font aujourd'hui le pôle le plus animé de la ville dès la nuit tombée. Une foule hétéroclite et internationale s'y presse, surtout le week-end, passant de bar en bar pour y boire un verre, écouter de la musique et danser.

HORAIRES

Bon nombre de bars proposent des ***petiscos*** (version portugaise des tapas) ; on peut donc s'y rendre dès le début de la soirée pour manger un morceau, bien que le quartier de Galeria de Paris ne commence à s'animer sérieusement qu'à partir de 23h. Les boîtes de nuit ouvrent à minuit, inutile cependant d'y aller avant 2h du matin, vous vous y sentiriez bien seul, mais ne pas trop dépasser 2h30, car elles se remplissent très vite ! Les bars ferment en général à 2h - 4h le week-end -, tandis que les clubs font vibrer leurs enceintes jusqu'à 6h.

TARIFS

Sortir à Porto n'a rien de ruineux ! L'entrée est libre dans la plupart des bars et les consommations sont très abordables. Dans les boîtes de nuit, l'entrée est de l'ordre de 10 €, parfois moins, avec une consommation obligatoire. Dans certains clubs, comme Kasa da Praia, on vous remet à l'entrée une carte sur laquelle les consommations sont enregistrées et payables à la sortie. Les entrées sont à prix réduits, voire gratuites certains soirs pour la clientèle féminine.

SE REPÉRER

Chaque adresse de lieu de sortie est associée à une pastille violette numérotée. Vous retrouverez toutes les adresses positionnées sur le plan détachable.

Bars, clubs & sorties PAR QUARTIER

Autour de la Sé (Quartier 1 - p. 22)

HOTFIVE JAZZ & BLUES CLUB
Club de jazz ① Plan E4

Situé à deux pas de la muraille Fernandine, ce club offre un espace aéré, avec une belle hauteur sous plafond et une mezzanine plongeant sur la scène où viennent se produire des groupes de jazz, de blues et où l'on peut assister à d'autres improvisations musicales, pour le plus grand plaisir des amateurs.

Largo Actor Dias, 51 • Tram 22, arrêt Praça Batalha ou Guindais • ☎ 934 328 583 • www.hotfive.pt • Mer.-sam. 22h-3h • Concerts : 4-7 €.

Ribeira (Quartier 2 - p. 30)

O MEU MERCEDES É MAIOR QUE O TEU
Bar à concerts ② Plan I8

Ce bar au nom plein d'humour (« Ma Mercedes est plus grosse que la tienne ») est l'un des plus anciens de Porto. Sa salle de concert, pleine de cachet et de caractère avec ses grands murs en pierre, accueille une clientèle fidèle à sa programmation très rock.

Rua da Lada, 30 • Bus 900, arrêt Elevador Guindais • ☎ 222 082 151 / 962 437 790 • Lun.-sam. 22h-4h • Bière : à partir de 1,50 €.

PETER CAFÉ SPORT
Bar à gin ③ Plan I8

Les marins connaissent déjà pour la plupart le Peter Café des Açores, point de passage obligé pour qui

O Meu Mercedes é Maior Que o Teu

traverse l'Atlantique. Son petit frère de Porto offre une ambiance identique d'escale maritime, et surtout la même spécialité qui a fait le succès du Peter Café : son gin tonic. Les marins britanniques en consommaient beaucoup pour ses vertus protectrices contre le paludisme, grâce à la quinine présente dans le tonic. Rassurez-vous, aucun risque de contrater le paludisme à Porto ! On apprécie l'autre must du Peter Café, le chocolat chaud (3,80 €), et la terrasse sur la Ribeira.

Cais da Ribeira, 24/25 • Bus 900, arrêt Elevador Guindais • ☎ 222 025 191 / 913 606 034 • T. l. j. 10h-2h • Gin : 3,50-11 €.

WINE QUAY BAR

Bar ④ **Plan H8**

Le Wine Quay Bar est idéalement situé sur la Ribeira, à l'endroit où les pêcheurs de morue débarquaient jadis leur marchandise. On y trouve une intéressante sélection de vins, et d'excellents *petiscos*. Peu de places assises, à l'intérieur comme en terrasse, mais on s'y attarde tout de même volontiers pour profiter de l'animation de ce quartier où les lumières se reflètent dans le Douro.

Muro dos Bacalhoeiros, 111/112 • Bus 900, arrêt Ribeira • ☎ 222 080 119 • www.winequaybar.com • Lun.-sam. 16h-23h • Vin au verre : 2-8 € ; *petiscos* : 4-7 € (paiement en espèces seulement).

Wine Quay Bar

CAFÉ DO CAIS
Bar ⑤ Plan H8

Idéalement situé sur les quais de la Ribeira, le Café do Cais a le privilège de border le Douro et de jouir d'une vaste terrasse avec tables, chaises et chaises longues. Cocktails, bières, vins, portos vous n'aurez que l'embarras du choix, à accompagner de *petiscos*. Seul bémol, la musique lounge ou électro, parfois un peu forte, ne convient pas toujours à tout le monde.

Cais da Estiva • ☎ 222 088 385 • T. l. j. 10h-2h • Verre de vin : 3,50 € ; porto : 4-7 € ; bière : 4,50 € la pinte.

Palácio da Bolsa et São Francisco (Quartier 3 - p. 36)

HARD CLUB
Club électro ⑥ Plan H8

Ce monument métallique de la fin du XIXe s. abrite une salle de spectacle où ont lieu des concerts de musique électronique et des événements d'expression artistique urbaine et alternative. Un restaurant et un bar (p. 107) permettent de passer toute une soirée dans ce cadre superbement réaménagé pour la fête !

Mercado Ferreira Borges • Praça do Infante Dom Henrique • Tram 1, arrêt Infante • ☎ 220 101 185 • T. l. j. 11h-minuit (2h ven.-sam.) • Bière : à partir de 1,60 € ; porto tonic : 6 €.

São Bento, Aliados et praça da Liberdade (Quartier 4 - p. 42)

O PINTXO
Bar basque ⑦ Plan I6

Un *pintxo* est une petite tartine garnie servie dans les bars du Pays basque espagnol. À Porto, il n'y a que dans cet endroit que vous en trouverez, et ils sont délicieux ! Accompagnez-les du cocktail maison appelé Shot da Felicidade (« shot du bonheur », 2 €), composé de tequila et de piment, et vous vous trouverez tout droit plongé en Euskadi !

Rua do Almada, 301 • Tram 22, arrêt Praça Filipa de Lencastre • ☎ 916 001 112 • Facebook : Opintxo301 • Lun.-jeu. 12h-minuit, ven. 12h-2h, sam. 18h-2h • Pintxos : dès 1,50 € ; autres tapas : 2-10 €.

RADIO BAR
Club ⑧ Plan I6

Les pistes AM et FM du Radio Bar sont parmi les plus fréquentées de la ville, avec des programmations de DJ qui savent alterner musiques funky, rock et pop pour nous faire danser sur nos rythmes préférés. Le jardin offre un repli parfait pour l'happy hour de début de soirée (18h-20h30), ou pour respirer un peu quand la piste chauffe à l'excès.

Notre top
DES BARS À VINS

Wine Quay Bar

WINE QUAY BAR

Les patrons de ce bar situé sur le quai de la Ribeira ont une passion : les vins portugais. Voir p. 146.

LA BOHÈME ENTRE AMIS

Pour sa déco design et sa belle carte des vins à accompagner de délicieux *petiscos*. Voir p. 152.

CHAMPANHERIA DA BAIXA

Ce bar à l'ambiance un peu *british* se consacre aux vins pétillants, à déguster dans la salle cosy ou en terrasse. Voir p. 157.

BALDORIA - GARRAFEIRA X BAR

Toujours bondé, le Baldoria est le lieu idéal pour débuter une soirée. Voir p. 157.

PÁTEO DAS FLORES

Pour une dégustation raffinée au sein d'un cadre chic et design, en rupture avec les bars à vins traditionnels. Voir p. 160.

La Bohème entre amis

Praça Dona Filipa de Lencastre, 178 • Tram 22, arrêt Praça Filipa de Lencastre • ☎ 936 320 033 • Mar.-mer. 18h-2h, jeu. 18h-4h, ven.-sam. 18h-6h • Bière : à partir de 1,50 €.

VILLA PORTO
Club ⑨ Plan I6

Villa Porto est l'une des plus grandes discothèques de la ville, mais ne vous laissez pas impressionner par le gigantisme du lieu (plus de 1 500 m^2). Vous êtes plutôt électro ? Direction la piste principale. Envie d'une ambiance plus intimiste ? Alors filez à l'espace lounge où une musique des années 80 et 90 vous attend.
Rua Dr. Magalhães Lemos, 109 • Mº Aliados • ☎ 918 703 017 • Lun., mer. et ven. 23h-6h • Entrée : 1-6 € (avec conso avant 2h, 10 € après 2h).

FÉ WINE & CLUB
Club ⑩ Plan I6

À l'origine de ce projet : quatre copains qui se sont retrouvés à Porto après avoir beaucoup voyagé. Ils ont créé un espace moderne et accueillant, inspiré de leurs pérégrinations et entouré de tonnes de livres (10 t paraît-il !) au milieu desquels on boit un verre. La musique est mixée par les DJ de la maison ou invités, qui alternent house, R&B et soul, sauf le mercredi soir où ils laissent la place au fado (à partir de 22h, entrée libre).
Praça Dona Filipa de Lencastre, 1 • Tram 22, arrêt Praça Filipa Lencastre • ☎ 927 223 446 / 222 010 901 • www.feporto.pt • Mar. et dim. 18h-minuit, mer. 18h-2h, jeu.-sam. 18h-4h • Bière : 2-6 € ; *petiscos* : 3-12 €.

GARE PORTO
Club techno et house ⑪ Plan I7

Cette boîte de nuit invite régulièrement des DJ de renommée internationale, dont la musique techno et house attire une foule d'étudiants. Une adresse pour ceux qui aiment vraiment danser !
Rua da Madeira, 182 • Mº São Bento • ☎ 914 604 377 • www.gareporto.com • Ven.-sam. minuit-6h (+ veille de j.f. et un jeu. par mois) • Entrée parfois payante (max. 15 €) ; cocktails : 6-11 €.

Batalha et Bolhão (Quartier 5 - p. 46)

MAUS HÁBITOS
Bar ⑫ Plan F3

Maus Hábitos (les « mauvaises habitudes ») est le point de ralliement des artistes aux interventions culturelles novatrices, délibérément subversives et transgressives. Le non-conformisme est donc le maître mot dans cet espace multifonctionnel : galerie d'art, bar lounge, patio-terrasse, salle de concert et pizzeria. Avec en prime une belle vue sur Porto !
Rua de Passos Manuel, 178 (4e ét.) • Tram 22, arrêt Santa Catarina

• ☎ 222 087 268 • www.maushabitos.com • Bar : mar.-mer. et dim. 12h-minuit, jeu. 12h-2h, ven.-sam. 12h-4h • Expositions : mar.-dim. 12h-22h • Restaurant-pizzeria : mar.-dim. 12h-15h et 20h-23h45 • Bière : à partir de 1,50 € ; pizzas : 7-9 €.

ZOOM PORTO
Club ⑬ Plan E3

Zoom est LE club LGBT incontournable de Porto, voire, pour certains, de tout le Portugal ! Une déco sympa – un ancien entrepôt –, un énorme son (les amateurs de house et d'électro seront comblés) et des consos à prix doux (3-8 €).

Beco de Passos Manuel, 40 • M° Aliados ou tram 22, arrêt Pr. D. João I • ☎ 918 353 282 • http://zoomporto.wixsite.com/zoomporto • Ven.-sam. et veilles de j.f. 0h30-6h • Conso minimum : 6 €.

PASSOS MANUEL
Bar musical ⑭ Plan F3

Mi-bar, mi-club, Passos Manuel jouit d'une aura toute particulière : c'est le lieu avant-gardiste par excellence de Porto. Est-ce dû à son passé (cinéma dans les années 1970, c'est ici qu'il fallait venir pour voir des films d'auteur) ? Ou bien à sa programmation ultra-pointue ? Sans doute un peu des deux. Vous l'aurez compris, on aime l'atmosphère arty qui s'en dégage.

Rua de Passos Manuel, 137 • Tram 22, arrêt Santa Catarina • ☎ 222 058 351 • Mer.-sam. 22h-4h • Bière : à partir de 2 € ; cocktails : à partir de 5 €.

Clérigos, Carmo et Carmelitas (Quartier 6 – p. 50)

BASE
Bar lounge ⑮ Plan H7

Perché sur la colline du Jardim dos Clérigos, ce bar fait office de mirage planté dans les airs. Une musique d'ambiance aux décibels contrôlés permet de se relaxer totalement en sirotant un mojito en plein air, assis sur la pelouse, dans un fauteuil ou sur une balancelle. À la nuit tombée, le panorama devient sublime !

Passeio dos Clérigos, Jardim • ☎ 910 076 920 • www.baseporto.com • Dim.-jeu. 11h-minuit, ven.-sam. 11h-2h • Mojito : 6 €.

THE GIN HOUSE
Bar à gin ⑯ Plan H6

Vous l'aurez deviné, le gin est ici à l'honneur, avec plus de 200 références et variétés (le nombre de bouteilles alignées derrière le bar donne le tournis !) : aromatisés, frais, doux, fruités, vous aurez l'embarras du choix ! Côté ambiance musicale, les années 1980 et 1990 sont à l'honneur.

Rua Cândido dos Reis, 70 • Tram 22, arrêt Pr. Guilherme Gomes Fernandes • ☎ 964 764 971 • Lun.-jeu. 19h-2h, ven.-sam. 19h-4h (ouv. aussi dim. en été) • Cocktails à base de gin : 6-30 €.

PLANO B
Bar musical ⑰ Plan H7

Contrairement à ce que laisse entendre son nom, Plano B fait partie des bars les plus prisés de Porto. Éclectique, il renferme plusieurs espaces répartis sur deux étages, avec une galerie d'art, un bar et des lieux dédiés aux concerts à la programmation très large (mention spéciale pour les DJ régulièrement invités). Attention, n'arrivez pas trop tard, vous risqueriez d'être refoulé.
Rua Cândido dos Reis, 30 • Mº Aliados ou tram 22, arrêt Clérigos • ☎ 220 105 641 • www.planobporto.net • Jeu.-sam. 22h-6h • Conso minimum : 5 €.

Plano B

CASA DO LIVRO
Bar ⑱ Plan H6

Cette ancienne librairie, dont les livres n'ont pas quitté les étagères, s'est reconvertie en un bar à l'ambiance cosy et intemporelle. Un DJ anime les soirées des vendredis et samedis pour vous faire danser sur les tubes du moment.
Rua da Galeria de Paris, 85 • Tram 22, arrêt Praça Guilherme Gomes Fernandes • ☎ 912 958 284 • Dim.-jeu. 21h30-3h, ven.-sam. 21h30-4h • Cocktails : à partir de 5 €.

CAFÉ AU LAIT
Bar musical ⑲ Plan H6

Ce petit espace, aménagé dans un ancien entrepôt textile, est l'un des premiers bars à avoir ouvert dans ce quartier de la rua da Galeria de Paris en 2007. Il est recherché pour son excellente programmation musicale : jazz, blues, soul et pop, et pour ses soirées animées par des DJ invités le week-end.
Rua da Galeria de Paris, 46 • Tram 22, arrêt Pr. Guilherme Gomes Fernandes • ☎ 222 084 486 • Facebook : Aulait.cafe • Lun.-sam. 21h30-4h • Bière : 2 € ; gin : 5-9 €.

BAIXA BAR
Bar pop-rock ⑳ Plan H6-7

Ouvert dès l'heure du déjeuner, on peut s'y restaurer légèrement et profiter de sa terrasse en attendant tranquillement que la rue se remplisse à mesure que les

Aduela

bars voisins ouvrent leurs portes. Le soir, le Baixa Bar a un charme fou : on se presse sur la piste de danse dans une ambiance pop-rock, ou l'on discute sur le trottoir, un verre à la main. En prime, un vrai coup de cœur pour la déco !
Rua Cândido dos Reis, 52 • Tram 22, arrêt Clérigos • ☎ 222 015 855 • Lun.-jeu. 18h-2h, ven.-sam. 18h-4h • Cocktails : 5-13 €.

LA BOHÈME ENTRE AMIS
Bar à vins ㉑ **Plan H6**

Comme son nom l'indique, La Bohème est une bonne option pour partager quelques *petiscos* entre amis et déguster de bons vins locaux dans un décor contemporain strié de bois clair. La carte des vins est assez large, et, pour les petites faims, nous vous recommandons le camembert frit de la maison (6 €). Des soirées à thème et des concerts intimistes sont organisés au sous-sol.
Rua da Galeria de Paris, 40 • Tram 22, arrêt Pr. Guilherme Gomes Fernandes • ☎ 222 015 154 / 933 347 079 • www.laboheme.com.pt • Mar.-ven. 15h-2h (4h ven.), sam. 17h30-4h, dim. 17h30-2h • Verre de vin : 1,50-3 €.

ADUELA
Bar à vins ㉒ **Plan H6**

Les points forts de cet ancien magasin de machines à coudre reconverti en bar à vins sont sa terrasse, légèrement en retrait de la zone la plus agitée du quartier, et ses toasts de sardines épicées, à savourer avec un verre de vin, une bière artisanale ou un Martini, sans oublier la qualité de l'accueil, foncièrement amical.
Rua das Oliveiras, 36 • Tram 22, arrêt Pr. Guilherme Gomes Fernandes • ☎ 222 084 398 • Lun. 16h-2h, mar.-sam. 10h-2h, dim. 15h-minuit • Verre de vin : 2-4 €.

PAUSA - FOOD & DRINK BAR
Bar ㉓ **Plan H6**

Tout dans ce bar a été pensé pour nous offrir une pause agréable : la carte des vins et des *petiscos*, la déco simple mais cosy, et la musique tranquille et jazzy.
Rua de José Falcão, 82 • Tram 22, arrêt Praça Guilherme Gomes Fernandes • ☎ 916 751 359 • Mar.-dim. 18h-1h (2h ven.-sam.) • Cocktails : 5-16 € ; *petiscos* : 3-10 €.

CAFÉ LUSITANO
Bar-club ㉔ Plan H6

Ce bar-club occupe les locaux d'une ancienne imprimerie. La décoration y est chaleureuse, avec des fauteuils et des canapés en cuir, et le parquet qui conserve le côté XIXe du lieu. L'ambiance est éclectique, avec des soirées à thème, des concerts de fado, du tango parfois, et une programmation musicale qui s'étend des années 1980 à l'électro. La clientèle est majoritairement gay, mais l'endroit est évidemment ouvert à tous.
Rua de José Falcão, 137 • Tram 22, arrêt Praça Guilherme Gomes Fernandes • ☎ 222 011 067 • www.cafelusitano.com • Mer.-jeu. 21h30-2h, ven.-sam. et veilles de j.f. 22h-4h • Conso minimum : 5 €, soit 2 bières ou 1 cocktail.

LIVRARIA DA BAIXA
Café-librairie ㉕ Plan H7

Cette adresse offre tout le charme d'une librairie centenaire pour un verre et quelques *petiscos*, avec à la carte un grand choix de thés (1,65-5 €) et de cocktails, à déguster en terrasse ou, mieux, dans une petite salle à l'étage plongeant sur la rue la plus animée de Porto à toute heure du jour ou de la nuit.
Rua das Carmelitas, 15 • Tram 22, arrêt Clérigos • ☎ 220 946 320 • T.l.j. 10h-2h • Bière : 2-3,50 € ; porto : 3-4 € ; sangria et cocktails : 4,95-8 €.

Clube 3C

CLUBE 3C
Club ㉖ Plan H7

Les 3C indiquent qu'il s'agit d'un Café Club, situé près de Clérigos. C'est aussi un bon restaurant proposant des plats portugais et italiens (pâtes et risottos) à des prix très intéressants à midi, avec un menu à 9,90 € (soupe, plat du jour, dessert, boisson et café). Dans un décor très citadin alliant matériaux de récupération et béton ciré, l'ambiance va crescendo quand la nuit tombe, à mesure que le DJ monte le son. Des groupes viennent souvent animer les soirées le week-end.
Rua Cândido dos Reis, 18 • Tram 22, arrêt Clérigos • ☎ 222 018 247 / 925 783 152 • Facebook : Clube 3C • Lun.-sam. 12h-15h et 19h-23h (minuit ven.-sam.) • Bar : lun.-jeu. jusqu'à 2h, ven.-sam. jusqu'à 4h • Bière : à partir de 2 € ; cocktails : à partir de 5 €.

PIPA VELHA
Bar rock ㉗ Plan H6

Ouvert en 1981, ce bar est considéré comme le plus vieux du genre à Porto. Sa clientèle est restée fidèle à son atmosphère très rock et à son décor rustique mais chaleureux.

Pour que l'expérience soit complète, il faut goûter les saucisses grillées (5,50 €) accompagnées de vin ou de sangria (3 € le mug).

Rua das Oliveiras, 75 • Tram 22, arrêt Praça Guilherme Gomes Fernandes • ☎ 223 222 780 • T. l. j. 18h-4h.

TENDINHA DOS CLÉRIGOS
Club ㉘ Plan H6

Ouvert dès minuit, ce club fait surtout le plein à partir de 4h du matin, quand la plupart des bars des alentours ferment. Quand on sait que *clérigos* signifie « clergé », on comprend mieux que la couleur rouge cardinal soit ainsi à l'honneur du sol au plafond.

Rua do Conde de Vizela, 80 • M° Aliados ou tram 22, arrêt Pr. Filipa de Lencastre • ☎ 222 011 438 / 933 347 079 • www.tendinhadosclerigos.com • Mer.-sam. minuit-6h • Ven.-sam. : conso minimum 10 € pour les hommes, 6 € pour les femmes ; les autres jours, conso minimum 1,50 € • Bière à partir de 2,50 €.

ERA UMA VEZ EM PARIS
Bar ㉙ Plan H6

On célèbre ici la capitale parisienne, son romantisme et son ambiance bohème des années 1920. Les tons chauds, la lumière tamisée et le décor de cabaret se marient parfaitement avec une musique douce la journée, dont le son et le rythme montent progressivement pour la clientèle du soir qui vient faire la fête dans le quartier.

Rua da Galeria de Paris, 106-108 • Tram 22, arrêt Praça Guilherme Gomes Fernandes • ☎ 222 022 240 / 918 273 852 • Lun.-jeu. 15h-2h, ven.-sam. 15h-4h • Salades : à partir de 5 € ; sandwichs : 2,50 € ; bière : à partir de 1,50 € ; cocktails : 4-13 €.

CAVE 45
Bar rock ㉚ Plan H6

Bar 100 % rock, décliné sous toutes ses versions : punk, garage, rockabilly, metal ou hard. Au rez-de-chaussée se trouve un espace où l'on peut s'asseoir, commander un verre et écouter de la musique. La cave, décorée par des artistes et tatoueurs de Porto, accueille quant à elle fêtes et concerts.

Rua das Oliveiras, 45 • Tram 22, arrêt Pr. Guilherme Gomes Fernandes • ☎ 223 266 724 • Mer.-sam. 22h-4h • Bière : à partir de 1,50 € ; entrée concerts : 3-10 €.

RUA
Bar ㉛ Plan H6

Rua fait partie des endroits qui bougent à Porto. La déco urbaine associe azulejos et graffitis, sans transition avec la rue omniprésente dans le décor et dans l'ambiance animée propice aux rencontres. Des concerts y sont organisés le week-end. Excellents *petiscos* pour accompagner votre verre, comme les beignets de seiche à l'ail (*choco frito*, 6,50 €).

Travessa de Cedofeita, 24 • Tram 22, arrêt Pr. Guilherme Gomes Fernandes • ☎ 917 356 644 • Mar.-mer. 19h30-minuit, jeu.-sam. 19h30-4h, dim.

Nos salles préférées pour écouter de la MUSIQUE LIVE

Breyner 85

HOTFIVE JAZZ ET BLUES CLUB

Le club incontournable pour les amateurs de jazz et de blues, et même de country. Voir p. 145.

O MEU MERCEDES É MAIOR QUE O TEU

Dans leur Benz, une atmosphere chaleureuse et des fidèles qui viennent pour la programmation rock indé. Voir p. 145.

Plano B

PLANO B

Un des clubs les plus populaires de Porto, où se produisent groupes et DJ. Voir p. 151.

CAVE 45

Le temple du rock noir et grinçant qui glisse volontiers vers le hard et le metal. Voir p. 154.

BREYNER 85

Un lieu dynamique consacré à la musique : des concerts rock, des *jams sessions*, etc. Voir p. 159.

19h30-2h • Entrée concert : 3 € (à partir minuit) • Cocktails : à partir de 5 €.

PHERRUGEM BAR
Bar rock ㉜ Plan H6

Ce bar sombre et enfumé, dissimulé derrière d'épais rideaux de velours, est un incontournable pour les amateurs de rock. Il est divisé en trois zones distinctes : une pièce avec le bar et la table de mixage, un espace qui sert de piste de danse, et un coin où l'on peut s'asseoir et profiter de consommations à des tarifs très amicaux.
Rua das Oliveiras, 83 • Tram 22, arrêt Pr. Guilherme Gomes Fernandes • ☎ 919 505 696 • T. l. j. 22h-4h • Bière : 1,50 €.

THE WALL
Bar à cocktails ㉝ Plan H6

Les musiques des années 1970 et 1980 dominent dans ce bar facilement identifiable grâce au

The Wall

mur original qui surplombe son comptoir, composé de cubes illuminés devant lesquels sont posées des bouteilles d'alcools du monde entier. Le grand choix de cocktails à la carte est d'ailleurs un des points forts de l'endroit.
Rua Cândido dos Reis, 90 • Tram 22, arrêt Pr. Guilherme Gomes Fernandes • ☎ 222 086 557 / 936 916 301 • Lun.-sam. 19h-4h, dim. 21h-4h • Cocktails : à partir de 5 €.

PORTO TÓNICO
Bar ㉞ Plan H6

Laissez-vous surprendre par l'association du porto avec une eau tonique du type Schweppes, un cocktail dont la douceur mêlée d'amertume est en vogue dans le coin. Vous pourrez accompagner vos verres de quelques *petiscos*, puis danser sur une musique pop-rock des années 1980 et 1990.
Rua Cândido dos Reis, 96 • Tram 22, arrêt Praça Guilherme Gomes Fernandes • ☎ 910 987 742 • T. l. j. 20h30-4h • Cocktails : 5-11 €.

MAOMARIA
Bar ㉟ Plan H6

On peut profiter de deux ambiances : un espace dédié à la fête, avec une piste de danse animée par un DJ différent chaque soir, et un bar à vins, beaucoup plus tranquille, où l'on boit un verre en discutant entre amis. On passe allègrement d'un lieu à l'autre en saluant les portraits de la Vierge Marie et de Mao Zedong !

Baldoria - Garrafeira X Bar

Rua Cândido dos Reis, 84 • Tram 22, arrêt Praça Guilherme Gomes Fernandes • ☎ 222 084 674 • Lun.-sam. 16h-4h • Cocktails : 5-9 €.

GRIFFON'S BAR
Club ㊱ Plan H6

Le Griffon's était la boîte de nuit de référence à Porto dans les années 1980. Fermée en 1992, elle a rouvert 20 ans plus tard, en réussissant la prouesse de faire revenir sa clientèle d'alors, tout en attirant la jeunesse d'aujourd'hui. La musique est également un mélange de rythmes eighties et de sonorités plus actuelles.
Rua do Conde de Vizela, 95 • Tram 22, arrêt Praça Filipa Lencastre • ☎ 919 375 868 • Facebook : Griffon's Bar-discoteca • Jeu. minuit-4h, ven.-sam. minuit-6h • Conso minimum obligatoire : 3 € ; cocktails : à partir de 5 €.

BALDORIA - GARRAFEIRA X BAR
Bar à vins ㊲ Plan H6

On s'attarde volontiers devant ce bar à vins branché, dont l'espace réduit, ne pouvant contenir sa nombreuse clientèle, s'étend largement sur la rue. Les consommations y sont très abordables : bière et shot à partir de 1 €, vin au verre à partir de 1,80 €.
Rua das Oliveiras, 67 • Tram 22, arrêt Praça Guilherme Gomes Fernandes • ☎ 912 950 097 / 911 102 745 • Mar.-sam. 18h-2h.

CHAMPANHERIA DA BAIXA
Bar à champagnes ㊳ Plan I6

Le champagne est roi mais tout à fait abordable dans ce bar élégant, à la fois bohème et sophistiqué. Sa terrasse est agréable, située sur une petite place qui rappelle l'atmosphère du sud de la France et la ville de Montpellier, dont elle porte le nom…
Largo de Mompilher, 1-2 • M° Aliados ou tram 22, arrêt Praça Filipa de Lencastre • ☎ 220 962 809 • Dim.-jeu 17h-2h, ven. 15h-3h • Flûte de champagne : 4-11 € ; *petiscos* : 3-14 €.

CAFÉ CANDELABRO
Café-librairie ㊴ Plan H6

Les murs de ce café-librairie sont couverts d'étagères remplies de livres sur le cinéma et la photographie. La musique calme et le faible éclairage créent une

atmosphère cosy et relaxante. Cette adresse vous donne également l'occasion de découvrir l'une des plus jolies places de Porto, largo de Mompilher, avec son kiosque japonais de 1930.
Rua da Conceição, 3 • Tram 22, arrêt Praça Filipa de Lencastre • www.cafecandelabro.com • Lun.-ven. 10h30-2h, sam. 14h-2h, dim. 16h-minuit • Bière : 1,50-6 €.

CAFÉ VITÓRIA
Bar ⓸⓪ Plan H6

À la fois bar et restaurant, le Café Vitória offre plusieurs espaces qui sont autant d'options agréables. Carrelage et béton ciré au rez-de-chaussée, plutôt contemporain et design, tandis que l'étage est plus chaleureux et classique, avec du parquet au sol et des moulures. Mais c'est surtout dans le jardin intérieur que l'on a plaisir à s'attarder autour d'un verre ou d'un repas léger. Au menu figurent différentes formules plus ou moins économiques et rapides (par exemple : soupe et plat du jour, 6 €).
Rua de José Falcão, 156 • Tram 22, arrêt Praça Guilherme Gomes Fernandes • ☎ 220 135 538 / 935 587 441 • www.cafevitoria.com • Café-bar : lun.-jeu. 12h-1h (f. mar.), ven. 12h-2h, sam. 14h-2h, dim. 14h-1h • Restaurant : mer.-sam. 20h-minuit • Verre de vin : 2 € ; bière : à partir de 1,50 € ; cocktails : 4-6 € ; plat du jour : 6 €.

DESTILARIA E PÃO QUE LADRA
Bar 41 Plan H6

Le restaurant de burgers et hot dogs Pão que Ladra a déménagé en 2015 pour s'installer dans le quartier le plus animé de

Café Vitória

Porto et évoluer vers un bar devenu rapidement très couru. Dès que l'affluence se fait sentir, on pousse les tables et la salle se transforme en piste de danse sur des rythmes de hip-hop, R&B ou new disco.

Rua Cândido dos Reis, 126 • Tram 22, arrêt Pr. Guilherme Gomes Fernandes • ☎ 223 285 792 / 912 799 627 • Mar.-mer. 12h-minuit, jeu. 12h-2h, ven.-sam 12h-4h, dim. 19h-2h • Burgers et hot dogs : 6-9 € ; cocktails : env. 6-8 €.

BREYNER 85
Salle de concert ㊷ Plan D2

Situé près du quartier des artistes alternatifs de la rua de Miguel Bombarda, le Breyner 85 est entièrement dédié à la musique, avec des soirées à thème et des concerts qui font son succès, mais aussi un studio d'enregistrement et des salles de répétition pour les musiciens les plus avertis. En été, le jardin accueille des soirées karaoké et des séances de cinéma en plein air.

Rua do Breiner, 85 • Bus 301, arrêt Faculdade de Direito • ☎ 936 440 865 • www.breyner85.com • Mer. 20h-2h, jeu. 20h-4h, ven. 20h-6h, sam. 12h-9h, dim. 12h-4h • Bière : à partir de 2 € ; cocktails : à partir de 5 € ; sangria : 2,50-4 €.

GATO VADIO
Café-librairie ㊸ Plan D2

À la fois café, bar, galerie d'art et librairie, le Gato Vadio est un lieu culturel d'échanges à propos de films projetés, de livres et de poèmes lus à voix haute dans une atmosphère informelle.
Il accueille également quelques concerts intimistes, et son patio est agréable les soirs d'été.

Rua do Rosário, 281 • Bus 301, arrêt Maternidade • ☎ 222 026 016 • http://gatovadiolivraria.blogspot.pt • Jeu.-dim. 17h-minuit • Café : 0,60 € ; bière : 1,20 €.

Vitória et rua das Flores (Quartier 7 - p. 56)

PINGUIM CAFÉ
Bar ㊹ Plan H8

Le Pinguim est l'un des bars les plus anciens de la ville, fréquenté depuis une trentaine d'années par les poètes et artistes portuenses. Son sous-sol aux murs en pierres apparentes accueille représentations de pièces de théâtre, déclamations de poèmes et concerts, sans toutefois jamais se prendre au sérieux, à l'image du Club des Pingouins, créé par quelques habitués revendiquant l'élégance de cet animal qui n'a jamais renoncé à son rêve de pouvoir un jour voler. Autres atouts : sa carte de gin & tonic, une des meilleures de la ville, ses bières artisanales, sans oublier son chocolat chaud, un délice !

Rua de Belomonte, 67 • Tram 1, arrêt Infante • ☎ 916 048 413 • http://pinguimcafe.blogspot.pt • Lun.-dim. 21h-4h • Cocktails de gin : 5-18 €.

Nos meilleurs BARS À COCKTAILS

THE GIN HOUSE

Pour son incroyable choix de gins. Voir p. 150.

BAIXA BAR

Sa déco vous fera autant onduler que ses cocktails. Voir p. 151.

THE WALL

Un incontournable des nuits de Porto. Voir p. 156.

PORTO TÓNICO

Une ambiance toujours festive et de délicieux breuvages. Voir p. 156.

DESTILARIA E PÃO QUE LADRA

Ses cocktails s'accompagnent de délicieux hot dogs et burgers. Voir p. 158.

Destilaria e Pão que Ladra

PÁTEO DAS FLORES

Bar à vins ㊺ Plan I7

Voici une excellente adresse pour découvrir et déguster de bons vins du Douro à prix fort raisonnable, dans un confort sophistiqué et moderne. Blancs, rouges, rosés, mais aussi *espumantes* (pétillants) ou vins de Porto (jusqu'à 20 ans d'âge), le plus dur sera de faire votre choix ! De succulents *petiscos* et douceurs sucrées sont à la carte.

Rua das Flores, 135 • ☎ 222 031 128 • Lun. 19h30-23h, mar.-sam. 12h30-23h • Verre de vin rouge : 4-9 € ; verre de vin blanc : 4-8 € ; porto (20 ans d'âge) : 9 €.

Casa da Música et Boavista (Quartier 10 – p. 68)

LABIRINTHO BAR
Bar ⑯ Plan C1

À l'écart de la foule de la Baixa, le Labirintho offre une excellente alternative aux noctambules dans un bel immeuble ancien du quartier de Boavista, dont la déco mélange des décennies de culture alternative. La musique est tout aussi éclectique (années 1980, jazz, guitare acoustique), et son agréable jardin accueille des concerts en été du jeudi au dimanche.

Rua Nossa Senhora de Fátima, 334 • Mº Casa da Música • ☎ 919 701 490 • T. l. j. 22h-4h • Bière : 2 € ; mojito et caïpirinha : 4 €.

Foz do Douro (Quartier 11 – p. 72)

KASA DA PRAIA
Club ⑰ Plan p. 72

La Kasa da Praia est un club branché du groupe K qui règne déjà depuis des années sur les nuits de Lisbonne avec Kais, Kremlin et K. Il a relevé le défi de rénover l'ancien bâtiment du collège luso-international de Porto pour profiter de ce spot exceptionnel, au bord de la plage de surf, qui se prête sans doute mieux à la fête qu'aux études !

Kasa da Praia

Praça Gonçalves Zarco, 88 • Bus 200, arrêt Castelo do Queijo • ☎ 961 312 727 • Facebook : KasadaPraia • Mer.-sam. 23h-6h • Conso minimum : 6 € pour les femmes, 10 € pour les hommes ; cocktails : 8-18 €.

INDÚSTRIA CLUB
Club ⑱ Plan p. 72

Indústria fait partie des incontournables de Porto pour ceux qui aiment faire la fête jusqu'au bout de la nuit sur des musiques électroniques mixées par des DJ internationaux de renom. La déco du sous-sol fait écho à son nom. On en sort au petit matin, face à la mer, dans la très chic avenida do Brasil.

Avenida do Brasil, 835/843 • Bus 500, arrêt Molhe • ☎ 224 102 748 • Facebook : Industria Club • Ven.-sam. minuit-6h • Entrée : env. 10 € (parfois avec conso) ; cocktails : à partir de 6 €.

En dehors des quartiers de visite

ESKADA
Club ⑷⑼ Plan F1

Ouverte en 2013, Eskada s'est vite imposée comme l'une des boîtes de nuit les plus branchées de Porto. Elle est directement inspirée des clubs de Miami ou de São Paulo, avec une piste de danse entourée d'espaces privés ou VIP, à l'intérieur mais aussi en terrasse. Il s'agit du club le plus sélect de la ville, avec filtrage à l'entrée.

Rua da Alegria, 611 • Bus 302, arrêt Escola Normal • ☎ 911 788 455 • Facebook : Eskada Porto • Mer.-sam. 23h-6h • Cocktails : 6-11 €.

En dehors des visites – Matosinhos

MERCADO - FOOD & DRINKS
Bar à vins

Bien au-delà des horaires du marché de Matosinhos où il est situé, ce bar à vins moderne vous permet de partager un verre et quelques *petiscos* entre amis dès la fin d'après-midi et jusque tard dans la nuit. La décoration contemporaine du bar vise à créer une ambiance intimiste et élégante à l'intérieur, alors qu'en terrasse on profite de l'immense halle du marché désertée le soir.

Mercado - Food & Drinks

Rua França Junior, Mercado Municipal, Loja 15 • M° Mercado • ☎ 223 236 339 • Facebook : Mercado - Food & Drinks • Mar.-jeu. 18h-2h, ven.-sam. 18h-4h • Verre de vin : 1,80-3,50 € ; porto : 3,50-10 €.

Braga, Bom Jesus et Tibães (Visite 14 - p. 90)

CONVENTO DO CARMO
Bar ⑤⓪ Plan p. 90

Boire un verre, écouter de la musique et danser dans un ancien couvent, quelle idée ! Et pourtant il s'agit là d'un des endroits les plus branchés de Braga, et il vaut la peine d'en pousser le discret portail. Ici le temps semble s'être arrêté. Installé autour de la piscine, dans le jardin entouré de murs centenaires recouverts de lierre, on peut se restaurer, boire un cocktail en fin de journée et attendre l'arrivée du DJ le week-end.
Travessa do Carmo, 4 • ☎ 929 255 229 • Facebook : Convento do Carmo_Braga • Restaurant : lun.-ven. 12h-15h et 19h30-22h30, sam. 19h30-23h • Bar : oct.-avr. : mar.-jeu. 18h-1h, ven.-sam. 18h-6h ; mai-sept. : mar.-jeu. 15h-2h, ven.-sam. 15h-6h, dim. 18h-2h • Bière : 1,50-3 € ; cocktails : 5-10 € ; plats : 9-14 €.

ESTÚDIO 22
Bar ⑤① Plan p. 90

Il se passe toujours quelque chose dans ce bar-café-galerie : une expo, un concert de jazz, un set de DJ, une soirée bossa nova... Idéalement situé près de la Sé, au cœur du centre historique de Braga, vous pourrez y venir à toute heure de la journée : sandwichs, hot dogs et burgers (4 €) sont proposés pour accompagner bières, gins et cocktails.
Rua Dom Paio Mendes, 22 • ☎ 253 053 751 • www.estudio22bar.blogspot.pt • T. l. j. 14h-2h (4h ven.-sam.) • Bière : à partir de 1,50 €.

Guimarães (Visite 15 - p. 94)

CASTAS & TOSTAS
Restaurant ⑤② Plan p. 94

Ce petit restaurant cosy et accueillant propose un large choix de *petiscos* et de vins portugais. Les plus gourmands pourront opter pour le burger, aussi généreux que savoureux, et les amateurs de vin apprécieront la dégustation au verre de vins blancs et rouges, du Douro ou de l'Alentejo, afin d'élire le ou les meilleurs, dont ils pourront éventuellement rapporter une bouteille chez eux.
Rua Gravador Molarinho, 4 • ☎ 253 299 351 • Lun.-jeu. 18h-minuit, ven.-sam. 18h-2h (cuisine ouverte jusqu'à minuit) • Verre de vin : 2-4 € ; porto : 3-9 €.

Boutiques

PAR QUARTIER

Les coups de cœur DE NOTRE AUTEUR 2018

Notre auteur a adoré dénicher pour vous des adresses originales : de la mode aux boutiques gourmandes, en passant par la déco et l'artisanat, voici ses préférées.

TAKE AWAY PORTO

Le raffinement et l'humour transposés dans des idées de cadeaux en lien direct avec la ville. Que demander de plus ? Voir p. 168.

ALMADA 13

Un souvenir à rapporter ou des idées déco à glaner, difficile de ne pas y trouver son bonheur. Voir p. 172.

A VIDA PORTUGUESA

Le lieu me plaît autant que les produits qui sont y exposés. Tous ces petits objets représentatifs du Portugal m'invitent à la rêverie. Voir p. 176.

Violet & Ginger

Espaço 7

VIOLET & GINGER

Tuniques fleuries, bottines rétros et vaisselle aux tons pastel, un peu de douceur et beaucoup de fraîcheur. Voir p. 179.

ESPAÇO 7

Je me sens chez moi dans cette maison familiale divisée en autant de boutiques qu'il y a de pièces. Voir p. 181.

PIUPIUCHICK

Des créations originales, douces et confortables pour habiller nos enfants avec élégance, mais sans chichis ! Voir p. 182.

À SAVOIR

OÙ FAIRE DU LÈCHE-VITRINE ?

Si la rue piétonne de Santa Catarina est jalonnée d'enseignes internationales que l'on voit dans tous les centres-villes, les alentours sont restés plus authentiques, notamment autour du Mercado do Bolhão, avec des boutiques à l'ancienne comme on n'en trouve que rarement en France (merceries, barbiers, perruquiers, coutelleries...). Si vous aimez chiner, direction la rua de Miguel Bombarda, avec ses galeries d'art contemporain et ses boutiques vintage. Le quartier chic de Foz, enfin, offre une autre atmosphère, plus classique et familiale.

QUELLES EMPLETTES ?

Textile, chaussures, linge de maison, céramique et arts de la table : les boutiques spécialisées côtoient de plus en plus des espaces qui vendent un peu tout à la fois, et les vitrines de Porto reflètent la subtile transition entre une tradition artisanale encore très présente et la modernité des créateurs. Un conseil : privilégiez les magasins qui soutiennent ces derniers et l'artisanat local, plutôt que les imitations venues d'Asie dont les points de vente sont nombreux, y compris sur les marchés (même à Barcelos on trouve de la vaisselle fabriquée en Chine !).

LES BONS PLANS

Sur les marchés, les prix sont cassés et souvent encore négociables. Attention, prenez le temps d'inspecter les objets : certains stands vendent des lots d'articles défectueux refusés par les marques commanditaires. Parfois presque invisibles, ces minidéfauts peuvent toutefois permettre de faire de très bonnes affaires. Les soldes ont lieu de fin décembre à mi-février puis, en général, de mi-juillet à mi-septembre, mais ces dates peuvent fluctuer d'une enseigne à l'autre.

SE REPÉRER

Chaque adresse de boutique est associée à une pastille rouge numérotée. Vous retrouverez toutes les adresses positionnées sur le plan détachable.

Boutiques
PAR QUARTIER

Autour de la Sé (Quartier 1 – p. 22)

ECOLÃ PORTUGAL
Maille ① Plan H8

Quoi de plus naturel, dans ces ruelles médiévales, que de tomber sur un commerce d'articles en toile de bure et pure laine vierge ? Vous y trouverez, pour les hommes comme pour les femmes, des manteaux et des capes aux coupes et coloris variés (à partir de 80 €), ainsi que des lainages, chapeaux, sacs et couvertures (60-85 €), tous fabriqués artisanalement. Si le savoir-faire est ancestral, les modèles sont tout à fait au goût du jour : même Mme Clooney a, paraît-il, craqué pour la marque Ecolã !

Travessa da Bainharia, 37 • ☎ 919 204 440 • www.ecolaportugal.com • Lun.-sam. 11h-19h.

CASA DA GUITARRA
Guitares ② Plan I8

Si le fado vous a séduit, ou plus largement si vous vous passionnez pour la guitare, cette adresse est pour vous. Guitares traditionnelles portugaises, mais aussi guitares classiques, mandolines ou ukulélés, vous trouverez toutes les variétés qui sont pour la plupart fabriquées sur place, dans l'atelier adjacent à la boutique. Casa da Guitarra propose également des cours de musique et divers événements dont des concerts de fado en fin de journée (14 € avec dégustation de porto).

Avenida Vímara Peres, 72 • ☎ 222 010 033 • www.casadaguitarra.pt • Lun.-sam. 10h-13h et 14h30-19h.

Ribeira (Quartier 2 – p. 30)

PROMETEU
Céramique ③ Plan H8

Dans cette boutique, la céramique est déclinée sous toutes ses formes : bijoux (5-20 €), vases, carrelages et plats émaillés (15-60 €). Un artisanat on ne peut plus local, puisque l'atelier de peinture est situé à l'étage. Il est ouvert au public : vous pourrez y voir des artistes qui viennent exécuter des commandes ou bien donner libre cours à leur imagination. Peut-être trouverez-vous là des idées de cadeaux personnalisés à rapporter...

Rua da Alfândega, 11 • ☎ 222 019 295 • T. l. j. 10h-21h.

PORTOSIGNS
Artisanat ④ Plan H8

C'est l'une des plus jolies boutiques de souvenirs et objets artisanaux portugais à Porto. La sélection est très large mais toujours de bon goût, avec un accent mis sur la qualité. Bijoux, articles en liège, céramique, tee-shirts (15-30 €), cartes postales... il est difficile d'en sortir sans rien acheter ! La boutique est divisée en deux espaces distincts : l'un assez traditionnel, l'autre plus design, qui donne sa chance à de nouveaux artistes chaque mois.

Rua da Alfândega, 17 et, très près, à 1 min à pied, rua Infante Dom Henrique, 71 • Bus 900, arrêt Ribeira • ☎ 223 745 436 • www.portosigns.pt • T. l. j. 10h-20h • Savons : 5-10 € ; chaussures : 79-130 €.

Palácio da Bolsa et São Francisco (Quartier 3 - p. 36)

TAKE AWAY PORTO

Design ⑤ Plan H8

L'endroit idéal pour glisser dans ses bagages un cadeau ou un souvenir design, pratique et utile : tubes à essai remplis de thé, d'amandes ou d'épices bio, jeu de cartes à l'effigie de détails photographiques de la ville, tee-shirts imprimés de sardines ou de bouteilles de porto, ou encore de beaux tabliers en jean dotés d'une multitude de poches à outils ou ustensiles (25 €).

Palácio des Artes • Rua de Ferreira Borges s/n • ☎ 222 083 488 • T. l. j. 12h-20h.

GALO LOUCO

Souvenirs ⑥ Plan H8

Difficile de ne pas trouver là un petit souvenir à rapporter comme un morceau de Portugal. Comment ne pas craquer, par exemple, pour

Galo Louco

ces adorables figurines *(bonecas)* colorées, appelées Mariettas ou Dulcineias (30-150 €), pleines de tendresse pour les enfants qu'elles tiennent dans leurs bras ? Ou pour ces savonnettes et laits corporels naturels à base de lait d'ânesse (2,30-20 €) ?
Rua de Ferreira Borges, 57 • Tram 1, arrêt Infante • ☎ 222 082 070 • www.galo-louco.pt • T. l. j. 9h30-19h30.

ZINDA ATELIER
Céramiste ⑦ Plan H8

Céramiste par vocation, Zinda ne produit que des pièces uniques : azulejos, figurines et sculptures émaillées (5-200 €). L'artiste se fait un plaisir de nous montrer sa boutique-atelier et de nous expliquer (en français) ses techniques et surtout sa démarche artistique autour des éléments terre, eau et feu.
Rua de Ferreira Borges, 63 • ☎ 936 075 549 • www.zindaatelier.com • Lun.-sam. 14h30-19h30.

Hats & C.A.T.S.
Design ⑧ Plan H8

Pas de chat dans ce magasin, mais des « Cosmopolitan Articles of Tradition and Simplicity ». En revanche on y trouve bien des chapeaux de toutes formes et couleurs. Ce sont eux qui attirent l'attention et nous font entrer dans cette boutique où ils sont traités comme des éléments de décoration à part entière, parmi une sélection d'objets rassemblés

Hats & C.A.T.S.

par le designer Paulo Lobo. Des trouvailles du Portugal et d'ailleurs, comme les paniers de pique-nique du Guatemala et les lampes en papier du Danemark.
Rua do Infante Dom Henrique, 117 • Tram 1, arrêt Infante • ☎ 936 968 369 • Lun.-sam. 10h-20h, dim. 12h-19h • Chapeaux : 40-120 €.

OLIVA & CO
Huile d'olive ⑨ Plan H8

Ambiance terroir dans cette boutique qui propose une sélection d'huiles d'olive et une foule d'autres produits. Une salle en sous-sol est aménagée pour des dégustations commentées (à partir de 12 € ; gratuites pour les clients) : vous saurez tout sur l'huile d'olive, ses méthodes d'extraction, ses régions de production et ses appellations.

Nos boutiques GOURMANDES PRÉFÉRÉES

La proximité des régions agricoles du Minho, du Trás-os-Montes et de l'Alto Douro assurent les boutiques de produits du terroir de la provenance et de la qualité des fromages, charcuterie, huiles d'olive et vins qu'elles proposent. Les épiceries regorgent de thés, d'épices et de fruits secs venus des anciennes colonies, sans oublier le chocolat !

Chocolataria Equador

CHOCOLATARIA EQUADOR

Mon addiction au chocolat m'y conduit fatalement de temps en temps... Voir p. 171.

SABORICCIA

Une belle sélection de fromages et charcuterie. Voir p. 172.

A FAVORITA DO BOLHÃO

C'est ici que vous ferez votre réserve de fruits secs. Voir p. 173.

LOJA DAS CONSERVAS

Avec toutes ses boîtes de sardines colorées exposées sur des murs au carrelage blanc, cette boutique me met toujours en joie et me donne envie de tout goûter ! Voir p. 180.

GARAGE WINES

Un superbe choix de grands vins comme autant de petites pépites. Voir p. 183.

Rua de Ferreira Borges, 60 • ☎ 222 083 938 • http://olivaeco.com • Lun.-ven. 10h-19h (20h mai-oct. et déc.), sam. 10h-19h (20h mai-oct.).

São Bento, Aliados et praça da Liberdade (Quartier 4 - p. 42)

ARCADIA
Chocolatier ⑩ Plan I7

Le chocolatier-confiseur Arcadia est une des icônes de Porto, dont la famille Bastos perpétue la tradition artisanale depuis sa création en 1933. Fier d'avoir le premier trouvé la formule parfaite pour allier chocolat et vin de Porto, en partenariat avec les caves Cálem, Arcadia est également réputé pour ses langues de chat en chocolat (11 € la boîte de 220 g).
Rua do Almada, 63 • ☎ 222 001 518 • www.arcadia.pt • Lun.-ven. 9h30-19h, sam. 9h30-17h.

CHOCOLATARIA EQUADOR
Chocolatier ⑪ Plan I7

Ce chocolatier artisanal 100 % portugais nous rappelle que le pays a été l'un des plus grands exportateurs de cacao au monde. L'ambiance coloniale de la boutique se retrouve dans le joli packaging des chocolats à emporter. On peut bien sûr goûter sur place. Comment ne pas craquer ?
Rua das Flores, 298 • M° São Bento • ☎ 967 296 160 • www.chocolatariaequador.com • T. l. j. 11h-19h30 • Plaquettes 200 g : 8 €.

Chocolataria Equador

ALMADA 13
Artisanat ⑫ Plan I7

Almada 13 réunit dans un même lieu 5 « boutiques » qui partagent le même esprit : articles design et d'artisanat portugais d'Águas Furtadas, lainages et toiles de bure d'Atelier de Burel, objets en liège de Cork & Co (entre 3 et 30 €), accessoires de déco de Rota do Chá, et meubles de récupération de The Yellow Boat (entre 35 et 79 €, voir p. 183). Les gâteaux de Miss Pavlova se sont joints au projet, investissant le patio, et ils valent le détour à eux seuls !

Rua do Almada, 13 • Tram 22, arrêt Pr. da Liberdade • ☎ 223 216 002 • Lun.-sam. 10h-20h (19h30 en hiver), dim. 12h-19h.

Batalha et Bolhão (Quartier 5 - p. 46)

A DAMA PÉ DE CABRA
Épicerie fine ⑬ Plan F3

Les différentes régions du Portugal sont mises à l'honneur dans cette petite épicerie où l'on peut acheter et savourer des produits simples, d'origine populaire et traditionnelle, dans un souci constant d'authenticité. La campagne en plein centre-ville, un régal !

Passeio São Lázaro, 5 • Tram 22, arrêt Santa Catarina • ☎ 223 196 776 • Mar.-jeu. 9h-19h, ven.-sam. 9h-22h, dim. 9h-13h (f. plus tardive en été) • Confitures des Açores ou du Minho : 5,25-5,95 €.

SABORICCIA
Épicerie fine ⑭ Plan E3/F3

Cette épicerie fine vend essentiellement des produits régionaux, dont beaucoup proviennent de la région de Trás-os-Montes, où le propriétaire de la boutique, Dr Ramiro Salgado, a une *quinta*. Miels, vins, fromages, biscuits, confitures, bières artisanales et huiles d'olive de petits producteurs (dès 2,90 €) peuvent, pour la plupart, être goûtés sur place.

Rua de Santa Catarina, 303 • Mº Bolhão • ☎ 220 996 595 • www.saboriccia.pt

Le coq de Barcelos

Les petites statuettes d'argile colorées représentant un coq que l'on trouve dans chaque boutique de souvenirs font référence à une légende issue des chemins de Saint-Jacques-de-Compostelle : un pèlerin galicien de passage à Barcelos (à 57 km au nord de Porto), accusé de vol et condamné à la pendaison, clama désespérément son innocence jusqu'à affirmer que le coq rôti qui se trouvait servi sur la table du juge chanterait au moment où on lui passerait la corde au cou... ce qui se produisit ! Depuis, le coq est devenu l'emblème du Portugal !

• Lun.-sam. 10h-19h15 • Vins : à partir de 6,90 € ; miel : 30 € le pot de 1,5 kg.

POTTERIA
Céramique ⑮ Plan F3

Cette boutique présente de façon didactique tout ce qui se fait de mieux en céramique traditionnelle portugaise. Tasses, assiettes, plats, jarres, cruches sont exposés selon leur provenance aux côtés de panneaux explicatifs détaillant leur histoire et leur procédé de fabrication. La poterie noire de Bisalhães (district de Vila Real) est fascinante !

Rua de Santo Ildefonso, 36 • ☎ 220 990 648 • Lun.-sam. 11h-13h et 14h-20h • Tasse : à partir de 6 € ; cruche : env. 20 €.

PRETINHO DO JAPÃO
Épicerie fine ⑯ Plan E2

La réouverture en 2014 de cette épicerie de 1947 a ravi les Portuenses car son charme des années 1950 a été préservé, bien que l'origine de son nom (« Petit Noir du Japon ») soit restée obscure : elle ferait référence à un prophète du XIXe s., mais personne ne connaît vraiment le rapport avec ce commerce. Ce qui est certain, c'est que le café et l'orge continuent d'être moûlus sur place, et que ses ananas, gingembre et fraises déshydratés font toujours partie de ses spécialités.

Rua do Bonjardim, 496 A • M° Trindade • ☎ 222 007 185 • Lun.-ven. 9h30-19h, sam. 9h-13h (ouv. dim. en déc.) • Fruits

Pretinho do Japão

déshydratés : 12-20 €/kg ; café moulu sur place : 3,80-20 €/kg.

A FAVORITA DO BOLHÃO
Épicerie fine ⑰ Plan E2

Des figues de diverses provenances, les meilleures dattes de la ville, tous les fruits secs que vous pouvez imaginer, des conserves colorées : cette épicerie sélectionne le meilleur de tous ces produits depuis 1934, et c'est un vrai plaisir de voir ces étagères qui regorgent de délicieux mets. Une adresse qui fait décidément partie du patrimoine local !

Rua de Fernandes Tomás, 783 • M° Bolhão • ☎ 222 001 624 • Lun.-sam. 9h-13h et 15h-19h30 (19h sam.) • Figues : à partir de 4,80 €/kg ; épices : 8-48 €/kg.

Clérigos, Carmo et Carmelitas (Quartier 6 - p. 50)

JÓIA DA COROA
Bijouterie ⑱ Plan I7

Ce « bijou de la couronne » a redonné à la rua das Flores son lustre d'antan, et il est bien agréable de déambuler dans les galeries des six étages de cette ancienne bijouterie pour y contempler les vitrines des joailliers créateurs, y dénicher un vêtement ou accessoire de mode, puis de profiter du salon de thé pour déguster quelques pâtisseries aussi délicates que l'endroit.

Rua das Flores, 213-221 • Tram 22, arrêt Praça da Liberdade • ☎ 222 032 466 • www.joiadacoroa.pt • T. l. j. 10h-20h (21h juil.-sept.) • Bijoux : 30-94 €.

CUBIK
Mode mixte ⑲ Plan H6

Cubik est un espace multifacette (logique pour un cube !) comme on les aime. On vient ici pour découvrir les vêtements de créateurs portugais ou pour craquer pour un chemisier vintage à 10 €, ou encore pour dénicher un petit cadeau (carreaux de céramique revisités adorables). Et comme le shopping, ça fatigue, on se pose dans le salon de thé.

Travessa de Cedofeita, 51 • Tram 22, arrêt Praça Guilherme Gomes Fernandes • ☎ 223 261 725 • Facebook : CUBIK.porto • Lun.-jeu. 14h-20h, ven.-sam. 14h-2h • Articles cadeau : à partir de 1 €.

Cubik

Mercado 48

LA PETITE COQUETTE
Vintage ⑳ Plan H7

Au 1er étage d'un immeuble ancien du quartier de la rua da Galeria de Paris se trouve une jolie boutique d'articles de luxe de seconde main. Pour y accéder, il vous faut sonner à la porte et monter à l'étage, où vous serez accueilli de façon chaleureuse et discrète dans cet espace à la fois familier et sophistiqué. Vêtements, chaussures, lunettes et sacs de grandes marques : les articles soigneusement sélectionnés sont comme neufs, prêts pour une seconde vie (à partir de 17 €). Quoi de plus moderne qu'un accessoire rétro pour habiller une tenue ?

Rua Cândido dos Reis, 25 (1er ét.) • Tram 22, arrêt Clérigos • ☎ 916 802 033 / 969 850 058 • Facebook : Coquette Porto • Lun.-sam. 11h-19h.

MERCADO 48
Concept store ㉑ Plan H6

On ne se lasse pas de venir dans cette boutique qui mêle savamment le vintage et le contemporain, à l'exemple de ses skates et vélos en bois au design épuré et de fabrication artisanale. On y trouve aussi pêle-mêle des objets d'art et de déco, des meubles chinés ou encore des tee-shirts en série limitée.

Rua da Conceição, 48 • Tram 22, arrêt Praça Filipa de Lencastre • ☎ 223 239 326 • Lun.-sam. 10h-20h • Sacs à dos : 70-130 €.

MEZZANINE
Mode mixte ㉒ Plan H7

Mezzanine, c'est la boutique avant-gardiste par excellence qui met à l'honneur les marques les plus pointues du moment (chaussures de chez Guava et Clae, sweats connectés Hoodiebuddie…). Pour un look branché, décalé, c'est ici qu'il faut venir. Sur la mezzanine dans le fond du magasin, le salon de coiffure Ixia vous permet de sortir avec une nouvelle tête !

Rua Cândido dos Reis, 58 • Tram 22, arrêt Clérigos • ☎ 222 016 114 • www.mezzaninestore.com • Lun.-jeu. 10h-14h et 15h-20h, ven.-sam. 10h-14h, 15h-20h et 21h-minuit • Hommes : chemises 60-80 €, pantalons 80-120 € ; femmes : tops 40-120 €, pantalons 80-100 €.

OURIVESARIA DAS FLORES
Bijouterie ㉓ Plan I7

Cette bijouterie est l'une des dernières survivantes de la grande époque où la rua das Flores accueillait la plupart des joailliers de Porto. On y trouve de ravissants bijoux en filigrane (20-400 €), cette délicate dentelle d'or, caractéristique du raffinement de la joaillerie locale, ainsi que des bijoux fantaisie.
Rua das Flores, 249 • Tram 22, arrêt Praça da Liberdade • ☎ 222 000 466 • Lun.-sam. 10h-18h30.

VISTA ALEGRE ATLANTIS
Porcelaine ㉔ Plan H7

Le fabricant de porcelaine d'Aveiro (voir p. 98) a sa plus grande boutique en plein cœur de Porto. On y trouve de la vaisselle fine, aux designs traditionnels ou au contraire très modernes, avec des collections dessinées par des artistes contemporains comme Ana Vasconcelos ou Christian Lacroix. Il y en a pour tous les goûts. Notre coup de cœur : la série Alma do Porto, qui décline de jolis dessins colorés de la ville sur des plats (16-39 €) ou des services à café.
Rua das Carmelitas, 40 • Tram 22, arrêt Clérigos • ☎ 222 004 554 • www.myvistaalegre.com • Lun.-sam. 10h-20h.

Ourivesaria das Flores

A VIDA PORTUGUESA
Artisanat ㉕ Plan H7

Aménagé dans de superbes entrepôts de tissus du début du XXe s., ce magasin rend hommage au savoir-faire traditionnel portugais. Vous y trouverez sur deux étages une très large sélection de produits d'artisanat local, allant de la jolie savonnette (à partir de 11 €) aux jouets anciens (petites voitures, toupies et boîtes à musique) en passant par des articles de déco et d'art de la table, sans oublier un vaste rayon d'épicerie fine.
Rua da Galeria de Paris, 20 • ☎ 222 022 105 • www.avidaportuguesa.com • Lun.-sam. 10h-20h, dim. et j.f. 11h-19h.

UFALUFA
Enfants ㉖ Plan G6

UfaLufa propose un mix de produits pour les jeunes enfants et leurs mamans en privilégiant des marques portugaises émergentes comme Chicken Chicos (dès 25 €), Mamã dá Licença ou Maria

Quelques *mercados* ET *FEIRAS*

La tradition des *mercados* et *feiras* perdure au Portugal, en particulier dans le nord du pays. Les marchés proposent avant tout des produits d'alimentation et sont quotidiens. Les foires sont en général hebdomadaires, bimensuelles ou mensuelles et présentent un choix de produits plus étendus.

MERCADO PORTO BELO

Inspiré du fameux marché londonien, il est pourtant de taille plus modeste. Un mélange de produits bio, d'articles vintage et de créations artisanales.
Praça Carlos Alberto (H6) • Sam. 10h-18h.

MERCADINHO DOS CLÉRIGOS

Stands de produits bio, artisanat, livres, disques et antiquités.
Rua Cândido dos Reis (H6) • 2e et dernier sam. du mois 10h-20h.

FEIRA D'ESPINHO

C'est la plus grande foire du pays. On y trouve de tout : fruits et légumes, poisson et viande, mais aussi vêtements, chaussures, bijoux, sacs, linge de maison, tapis...
Espinho (22 km S. de Porto) • Lundi 7h-19h.

FEIRA DE BARCELOS

C'est là qu'on trouve le plus de stands d'artisanat : linge de maison, tissus brodés, vannerie et objets en bois, mais aussi et surtout céramique et figurines artistiques de potiers locaux.
Barcelos (57 km N. de Porto) • Jeudi 7h-19h.

MERCADO DO ARTESANIA DE OPORTO

À deux pas de la torre dos Clérigos, le long de l'université, ce marché accueille une cinquantaine de stands proposant des créations artisanales : bijoux, sacs, vêtements...
Praça de Parada Leitão (H6) • Ven.-sam. 9h-18h.

FLEA MARKET PORTO (FEIRA DE PULGA)

Articles vintage et bonnes affaires dans une ambiance musicale. Dans un lieu différent chaque mois.
Une fois par mois, de 13h ou 14h à 19h • Facebook : Fleamarket.porto.

Guiomar. La recherche de créateurs locaux, si possible écolos, est tout à fait dans le ton du charmant petit centre commercial, un brin alternatif et bohème, de la rua de Miguel Bombarda.
Centro Comercial Bombarda, loja 26 • Rua de Miguel Bombarda, 285 • Tram 18, arrêt Hospital de Santo António • ☎ 966 526 636 • Lun.-sam. 12h-20h.

MARIA PORTO
Artisanat ㉗ Plan H6

Les six artisans à l'origine de ce concept se sont rencontrés dans des petits marchés de rue et ont décidé de se grouper pour ouvrir cette boutique pleine de charme. Leur objectif : faire connaître leur culture et les traditions les plus anciennes. Vêtements, bijoux et autres accessoires, objets décoratifs... il y en a pour tous les goûts et toutes les bourses. Une initiative qui rencontre un franc succès auprès de la clientèle, et qui s'ouvre régulièrement à de nouveaux artisans.
Rua de José Falcão, 23 • Tram 22, arrêt Praça Guilherme Gomes Fernandes • ☎ 927 773 020 • www.mariaporto.pt • Lun.-sam. 10h-20h • Bijoux : 3-120 €.

GOOD VIBES
Mode mixte ㉘ Plan H6

Vêtements branchés (tee-shirts : 20-25 €), chaussures (dès 69 €), accessoires de mode et gadgets amusants... Cette boutique, loin d'être traditionnelle, a été pensée pour que vous vous y sentiez bien,

Good Vibes

et le pari est réussi. Il s'agit aussi d'un lieu de culture, où des artistes ont un espace pour exposer leurs photos et peintures. Si l'endroit vous plaît, vous êtes également invité à vous y installer pour boire un verre et vous restaurer légèrement.
Rua de José Falcão, 107 • Tram 22, arrêt Praça Guilherme Gomes Fernandes • ☎ 222 010 941 • Facebook : Goodvibeshopportugal • Lun.-ven. 11h-19h, sam. 11h-22h.

CASA DOS FORROS
Mercerie ㉙ Plan D2

Cette mercerie traditionnelle est tenue par la même famille depuis 50 ans. Les bricoleuses vont adorer les rubans, les boutons, les bouts de tissus et une foule d'accessoires. Le tout joliment présenté dans des vitrines aménagées par un designer (également de la famille). Un vrai plaisir !
Rua de Cedofeita, 189 • Bus 301, arrêt Faculdade de Direito • ☎ 222 007 765 • Lun.-ven. 9h-12h30 et 14h30-19h, sam. 9h-12h30 • Boutons : 0,10-5 €.

COLLECTUS
Collectionneurs, Vintage ⑳ Plan H6

Cette boutique entièrement dédiée aux collectionneurs propose un vaste choix de cartes postales, timbres, billets, jeux, calendriers, magazines et autres curiosités. Vous pourrez y passer des heures à fouiller dans les nombreuses boites à la recherche de toutes ces pépites qui constituent de véritables témoignages de l'histoire de Porto et, plus largement, du Portugal.

Travessa de Cedofeita, 8D • ☎ 223 323 243 • Lun.-ven. 10h-12h30 et 14h-18h30, sam. 10h-13h • Cartes postales : à partir de 2 €.

Vitória et rua das Flores (Quartier 7 - p. 56)

RETROSARIA DAS FLORES
Mercerie ㉛ Plan H7/I7

Parce qu'il n'y a pas que nos grands-mères qui aiment coudre et tisser ! Voici une adorable petite boutique qui n'a pas peur de donner un coup de jeune à ces arts traditionnels du tissage et de la couture. Vous y trouverez également de jolis petits objets d'artisanat traditionnel, pleins de couleurs et de fraîcheur.

Rua das Flores, 104 • M° São Bento • ☎ 220 926 129 • www.retrosariadasflores.com • Lun.-sam. 10h-19h, dim. 10h-13h • Tissu : à partir de 5,50 € le mètre.

MEMÓRIAS
Artisanat ㉜ Plan H7

Plus qu'une boutique d'artisanat et de décoration, ce magasin est un vrai petit centre culturel où l'on trouve une sélection d'objets régionaux faits main dans le respect de traditions

Violet & Ginger

séculaires. Céramiques de l'Alentejo (8-34 €), linge brodé du nord du pays, crèches miniatures, une partie du patrimoine artisanal portugais se trouve exposé là !

Rua das Flores, 18 • ☎ 222 085 726 • Lun.-ven. 10h-19h, sam. et dim. 10h-18h.

VIOLET & GINGER
Concept store ㉝ Plan H8

Si vous n'avez que très peu de temps à consacrer au shopping, Violet & Ginger est la boutique idéale dans laquelle vous trouverez des vêtements, des chaussures, des accessoires de mode, des objets de déco ou encore des livres. Côté marques, Vintage Bazaar (robes dès 69 €), griffe portugaise, est largement à l'honneur : on craque pour les tuniques colorées agrémentées de jolis motifs brodés, ou encore pour les longues robes fleuries, esprit Woodstock revisité.

Largo de São Domingos, 99 • Bus 900 et 901, arrêt Ribeira • ☎ 916 774 787 • Facebook : Violetandginger • Dim.-jeu. 12h-20h, ven.-sam. 10h-21h (11h-19h en hiver).

LOJA DAS CONSERVAS
Sardines ㉞ Plan I7

Certes, des conserves de sardines, vous en trouverez partout. Mais cette boutique, entièrement dédiée aux petits poissons, présente chacune des conserveries de la région en relatant son histoire et sa particularité. Vous succomberez à ces étalages de boîtes colorées, un brin vintage et drôles pour certaines. Dès 2,50 € la boîte.

Rua de Mouzinho da Silveira • ☎ 222 010 082 • Lun.-sam. 10h30-21h, dim. 10h30-20h30.

Miragaia (Quartier 8 - p. 60)

ARMAZÉM
Marché branché ㉟ Plan G8

Cet immense entrepôt, servant jadis à stocker le porto de la Real Companhia Velha, a été investi par plusieurs boutiques d'objets déco, de vêtements et de bijoux, avec un mélange d'ancien et de contemporain qui fonctionne à merveille : disques vinyles (2-20 €), vieux livres et objets vintage chez R&B, vêtements et accessoires faits main chez Mexxca, bijoux de Sofia Ferreira mêlant le vintage à ses créations, objets déco chez Bairro Arte. Un espace bar propose boissons et snacks, avec de la musique live tous les dimanches après-midi.

Rua de Miragaia, 93 • Bus 500, arrêt Miragaia • ☎ 222 011 702 / 924 435 124 • Facebook : Armazém 93 • Dim.-jeu. 11h30-20h, ven.-sam. 11h30-22h.

Palácio de Cristal (Quartier 9 - p. 64)

MONSEO
Joaillerie ㊱ Plan B3

On pousse la porte de Monseo pour le plaisir des yeux, ou pour s'offrir une folie ! Les créations de cette marque de haute joaillerie née à Porto vous feront tourner la tête ! Nous avons retenu notre souffle devant un collier en or blanc serti de diamants blancs et noirs, une merveille.

Rua do Ouro, 120 • Tram 1, arrêt Bicalho • ☎ 225 898 700 • www.monseo.com • Mar.-dim. 10h30-13h30 et 15h-19h30 • Bijoux à partir de 200 €.

Foz do Douro (Quartier 11 - p. 72)

ESPAÇO 7
Mode féminine (37) Plan p. 72

Situés dans une maison bourgeoise du très chic quartier de Foz, sept espaces distincts ont été aménagés pour proposer des articles de déco, des vêtements (femme et enfant) et des accessoires avec des marques branchées telles que Babash (dès 15,20 €), Azul Inglês, Lulook et P&M Fashion Loft. Les gourmandes passeront par l'Atelier do Bolo, qui sert des pâtisseries maison. On peut aussi profiter du patio, délicieusement frais les jours d'été, pour une collation légère ou pour un brunch le samedi.

Espaço 7

Rua do Teatro, 133 • Bus 500, arrêt Praia dos Ingleses • ☎ 224 046 306 • Facebook : Espacosete • Lun.-sam. 10h30-19h30.

THE
Mode féminine (38) Plan p. 72

Pour celles qui aiment porter des modèles vus nulle part ailleurs, THE fait la promotion de jeunes stylistes et nous fait découvrir des pièces originales et uniques imaginées par des créateurs du monde entier. Allez-y au moins par curiosité, même si les prix sont élevés. Il faut par exemple débourser 480 € pour s'offrir une robe Nuovo Borgo peinte à la main.
Rua do Farol, 52 • Bus 500, arrêt Praia dos Ingleses • ☎ 226 155 822 • Facebook : THEdesign.pt • Lun.-sam. 10h-19h30.

LA PUNTA
Mode homme (39) Plan p. 72

La Punta, c'est à la fois une boutique de mode masculine, un espace culturel et un café. Franklin Marshall, Daniele Alessandrini, Scotch & Soda et New Balance figurent parmi les nombreuses marques proposées, mais on y trouve également des livres, des CD et des parfums. Un espace agréablement aménagé permet de s'y attarder autour d'une tasse de café ou de thé Mariage Frères, avec quelques pâtisseries maison.

Rua do Marechal Saldanha, 69 • Bus 500, arrêt Praia de Gondarém • ☎ 226 109 300 • www.lapunta.pt • Lun. 14h30-19h30, mar.-sam. 10h-19h30.

COOBIE BABY
Enfants ⑩ Plan p. 72

Cette marque 100 % portugaise a été créée par deux mamans pour habiller leurs enfants de 0 à 12 ans. Tissus, coupes et finitions sont choisis et contrôlés minutieusement par Sofia et Marta, dans un style bon chic bon genre qu'on adore ! Coup de cœur pour les imprimés fleuris et les adorables combinaisons en maille pour nouveaux-nés.

Rua da Senhora da Luz, 81 • Bus 500, arrêt Senhora da Luz • ☎ 229 374 007 • http://coobiebaby.com • Lun.-ven. 11h-19h30, sam. 11h-13h30 et 15h-19h

Coobie Baby

• Robes : à partir de 35 € ; chemises garçon : env. 30 € ; pyjamas bébé : env. 25 €.

PIUPIUCHICK
Enfants ㊶ Plan p. 72

Trois copines sont à l'origine de cette marque locale pour enfants de 0 à 10 ans. Bonnets à pompons, robettes à pois ou sweat-shirts tout doux, de quoi habiller vos petits dans un style résolument moderne, cool et confortable.

Rua de Diu, 222 • Bus 500, arrêt Praia dos Ingleses • ☎ 226 103 026 • www.piupiuchick.com • Lun.-ven. 10h30-19h, sam. 10h30-13h30 • Vêtements : 22-55 € ; déco : à partir de 11,50 €.

CASA ABERTA
Artisanat ㊷ Plan p. 72

Cet endroit porte bien son nom : « maison ouverte ». C'est la maison du bonheur, où le visiteur se sent d'emblée accueilli à bras ouverts, au milieu d'une foultitude d'objets artisanaux colorés et hétéroclites venant du monde entier. La tentation est grande de s'y installer pour boire un café, un verre de vin, ou pour manger un morceau.

Rua Padre Luís Cabral, 1080 • Tram 1, arrêt Passeio Alegre • ☎ 918 557 477 • Facebook : Casa Aberta • Mar.-ven. 10h-19h30, sam. 11h-19h30 • Nappes : 40 €.

O AUGUSTO DA FOZ
Caviste ㊸ Plan p. 72

Ce caviste et épicier de quartier est une institution depuis 1954,

The Yellow Boat Store

et bien des familles de Foz n'iraient pas acheter ailleurs leurs foies gras, confits et autres mets délicats associés à la bonne bouteille de vin. Une adresse hors des sentiers touristiques qui ravira les gourmets les plus exigeants.

Rua do Passeio Alegre, 924 • Tram 1, arrêt Passeio Alegre • ☎ 226 183 424 • http://augustofoz.com • Lun.-sam. 9h-20h30, dim. 10h30-13h30 et 15h30-20h • Charcuterie : à partir de 9 €/kg ; *queijo* da Serra : 21 €/kg.

THE YELLOW BOAT STORE
Concept store ⓸⓸ Plan p. 72

Voilà un magasin qui respire le bord de mer, avec ses meubles en bois de récup' qui ont l'air de provenir de bateaux échoués sur la plage d'à côté, et ses accessoires en toile de voile. On y trouve aussi des articles de mode très tendance, comme les espadrilles Paez (36 €), la marque argentine qui a le vent en poupe, ou des objets déco comme des coussins de plage qui donneront un coup de peps à votre vieux canapé.

Rua Rui Barbosa, 21 • Bus 500, arrêt Praia de Gondarém • ☎ 226 102 235 / 917 552 678 • http://theyellowboatstore.com • Lun. 14h-19h, mar.-sam. 11h-13h et 14h-19h.

En dehors des visites - Matosinhos

GARAGE WINES
Caviste

Près de 500 références sont disponibles dans ce magasin de vins et spiritueux, avec des crus aussi bien portugais qu'internationaux. Sa propriétaire, Ivonne Ribeiro, a fait le pari des vins de garde de petits producteurs. Sa conviction et sa passion sont les garants d'une sélection toujours pleine de bonnes surprises.

Avenida Meneres, 681, Matosinhos • M° Câmara Matosinhos • ☎ 220 982 360 / 911 072 072 • www.garagewines.pt • Lun.-ven. 10h30-20h (20h30 sam.) • Porto Cruz Tawny Port : 8,55 €.

Carnet

PRATIQUE

Retrouvez toutes nos adresses localisées sur les cartes et plans grâce à un numéro coloré.

56	35	28
Restos	Bars	Boutiques

Le numéro renvoie à sa notice détaillée dans le chapitre concerné.

QUAND PARTIR ?

Située sur l'Atlantique, Porto bénéficie d'un climat méditerranéen avec une forte influence océanique et de faibles amplitudes thermiques : il n'y fait jamais très froid, et rarement très chaud ! L'humidité est en revanche importante, et les épisodes pluvieux sont fréquents, surtout de novembre à mars. Les mois de juillet et août sont les plus secs, mais c'est sans doute mai, juin et septembre qui sont les plus agréables, avec un climat clément, de belles lumières, et un centre-ville animé sans être bondé.

POUR Y ALLER

EN AVION

Porto est dotée d'un aéroport international qui dessert la plupart des grandes villes françaises, avec des lignes largement dominées par les compagnies low-cost. En s'y prenant un peu à l'avance, il est possible de trouver des tarifs extrêmement intéressants.
Les compagnies **TAP, Aigle Azur, Transavia** et **Vueling** desservent Porto depuis Paris-Orly tous les jours. **Ryanair** propose des vols ralliant Porto depuis de nombreuses villes françaises (Bordeaux, Carcassone, Lille, Marseille, Paris-Beauvais, Tours...), certaines uniquement durant la haute saison. On peut également rejoindre Porto à partir de Paris-Charles-de-Gaulle, Lyon, Nantes et Toulouse avec **EasyJet** (attention, là aussi, parfois seulement à certaines périodes de l'année).
Si vous partez de Bruxelles, vous pouvez voyager avec TAP, Ryanair et Vueling ; **à partir de Genève,** avec TAP et EasyJet.

Aigle Azur
☎ 0810 797 997 • www.aigle-azur.com

Easyjet
☎ 0820 420 315 • www.easyjet.com

TAP Portugal
☎ 0820 319 320 • www.flytap.com

Transavia
☎ 0892 058 888 • www.transavia.com

Vueling
☎ 0899 232 400 • www.vueling.com

DORMIR À PORTO

QUEL QUARTIER ?

La **Ribeira** (quais du Douro, au pied du ponte Dom Luís I) et la **Baixa** (quartiers de São Bento, des Aliados et de Clérigos) sont idéales pour découvrir les principaux monuments historiques de Porto et pour sillonner à pied, en bus ou en tramway la zone classée au patrimoine mondial de l'Unesco. Si c'est le repos que vous recherchez, ou un bon bol d'air près des plages océanes, le quartier de **Foz** est idéal.

QUEL TYPE D'HÉBERGEMENT ?

L'offre d'hébergement a augmenté considérablement depuis 2010 avec l'apparition de nouveaux **hôtels de toutes catégories,** mais aussi de **chambres d'hôtes** et d'**appartements à louer** pour des courts séjours. Les tarifs étant assez similaires entre ces différentes formules, le choix dépendra surtout des services recherchés : les hôtels peuvent proposer parking, Spa, centre de remise en forme, piscine ou restaurant, mais l'accueil sera souvent plus personnalisé dans les maisons d'hôtes.

TARIFS ET RÉSERVATION

On peut trouver à se loger pour moins de 50 € en semaine et en basse saison, que ce soit en chambre d'hôtes ou en hôtel, mais attention, les prix peuvent **varier énormément en fonction des saisons** et de la demande.

Pensez-y

Formalités

Pour les citoyens d'un pays de l'Union européenne, une carte d'identité en cours de validité suffit. Pour les ressortissants d'autres pays, un passeport valide est exigé, et parfois un visa. Les enfants mineurs, non accompagnés de l'un de leurs parents doivent, en outre, être en possession d'une autorisation de sortie du territoire (formulaire à télécharger sur : www.service-public.fr/particulier/vosdroits/F1359).

En cas de perte ou de vol de vos papiers, contactez l'**agence consulaire de Porto :**

TAMET S.A., rua Capela do Telheiro, 70 • ☎ 70 4465-054 • São Mamede de Infesta (HP par D1) • M° Hospital São João • ☎ 229 059 439 • Lun., mer. et ven. 15h-18h • Permanence téléphonique : lun.-ven. 9h-12h et 14h-18h.

Santé

Pensez à vous procurer la **carte européenne d'assurance maladie** (valable 2 ans) auprès de votre centre de Sécurité sociale ou sur www.ameli.fr). À votre retour, vous aurez droit au remboursement des frais médicaux que vous pourriez engager au Portugal.

Douane

Il n'y a pas de limitation douanière entre les pays de l'Union européenne, sauf pour le tabac et l'alcool.

Infos douanes françaises : ☎ 0811 20 44 44 - www.douane.gouv.fr

Compter entre 50 et 90 € pour un hôtel 2-étoiles, 60 à 200 € pour un 3-étoiles, 90 à 300 € pour un 4-étoiles, et au-dessus de 150 € pour un 5-étoiles. Dans les chambres d'hôtes, il faut prévoir entre 70 et 150 € en moyenne, mais ces prix peuvent être plus élevés pour des endroits d'exception. Il est bien entendu conseillé de réserver son hébergement à l'avance, de préférence directement avec l'hôtel ou la maison d'hôtes si vous voulez choisir votre chambre, en ayant toutefois pris le soin de **comparer au préalable les prix** et les avis sur les sites dédiés : www.booking.com, www.tripadvisor.fr ou www.airbnb.fr, par exemple.

Retrouvez notre sélection d'adresses p. 197.

SE DÉPLACER

DE L'AÉROPORT AU CENTRE-VILLE

L'**aéroport Francisco Sá Carneiro** est situé à une quinzaine de kilomètres seulement du centre de Porto, auquel il est relié par le métro et par des bus. Pour ces deux moyens de transport, il faut prendre un ticket Andante Z4. Prix : 1,85 € + 0,60 € pour la carte Andante (voir p. 188).

Le métro

En métro – **ligne E** –, il faut compter 30 min pour aller jusqu'à la station Trindade (trajet direct), avec un métro toutes les 20-30 min.

Le bus

Les bus – **lignes 601, 602 et 3M** – circulent à peu près à la même fréquence que le métro (2 ou 3 bus par heure) et ils vont jusqu'à Cordoaria, près de Carmo et Clérigos (lignes 601 et 602), ou aux Aliados, près de la mairie (ligne 3M).

Le taxi

En taxi, il faut compter 20 min pour aller dans le centre de Porto, pour un coût d'environ 20-25 €.

Les compagnies de bus privées

Des compagnies de bus privées proposent également des navettes entre l'aéroport et le centre de Porto, ou des liaisons avec Braga et Guimarães.

- **100rumos**

☎ 960 426 692 / 222 433 148 • http://100rumos.com • 9 €/pers., 7 €/pers. à partir de 3 passagers pour le centre de Porto.

- **Get Bus**

☎ 253 262 371 • www.getbus.eu • 9 ou 10 liaisons quotidiennes entre l'aéroport et les villes de Braga et Guimarães • 8 €/pers.

DANS PORTO

Dans le centre de Porto, il est conseillé de circuler à pied et d'utiliser transports en commun et taxis. Une voiture peut s'avérer plus encombrante qu'utile dans la vieille ville : rues étroites, difficulté de circuler dans certains quartiers, grande difficulté de stationnement...

Titres de transport : la carte Andante

La carte Andante est un **ticket rechargeable** qui donne accès au métro et aux bus du réseau STCP. La carte elle-même coûte 0,60 € et doit être conservée pour être rechargée si nécessaire. Elle n'est pas personnalisée, et donc transmissible, mais si vous voyagez à plusieurs, chaque voyageur doit avoir sa carte Andante. La carte doit être validée à chaque transport. On l'achète dans les stations de métro ou dans les offices de tourisme (voir p. 192).
Notez que la zone C1 correspond au centre de Porto et qu'il vous suffira d'un ticket Z2 ou Z3 (2 ou 3 zones) pour aller à Foz do Douro, à Vila Nova de Gaia ou à Matosinhos.
Ticket occasionnel (Andante Azul) : il coûte 1,20 € pour 2 zones dans lesquelles on peut circuler autant qu'on veut pendant 1h après avoir validé son ticket.
Ticket journée (Andante 24) : valable 24h, il coûte 4,15 € pour 2 zones (16,70 € pour 12 zones).
Andante Tour : valable dans toutes les zones, c'est la carte la plus recommandée si vous pensez utiliser les transports en commun plusieurs fois au cours de votre séjour et ne souhaitez pas avoir à vous préoccuper des zones et des temps de trajet.
Andante Tour 1 : 7 €, valable 24h.
Andante Tour 3 : 15 € pour 72h.

En métro

Le métro de Porto fonctionne **de 6h à 1h** et comporte **6 lignes,** portant les lettres A à F. Cinq de ces lignes sont parallèles et desservent les mêmes stations entre Senhora da Hora et Estádio do Dragão, avec 14 stations communes. Seule la ligne D, allant de Hospital São João à Santo Ovídio, à Vila Nova de Gaia, coupe les 5 autres lignes à la station Trindade. De fin juin à début octobre, les lignes A et D du métro sont en service toute la nuit le vendredi et le samedi (métros toutes les 20 min entre 1h et 6h).
Informations : www.metrodoporto.pt

En bus

Les bus de ville STCP circulent de **6h à 0h30.** Le réseau est assez dense et couvre bien Porto et ses environs. La **ligne 500** est très pratique et agréable : elle va de la Baixa (largo dos Lóios, entre Clérigos et São Bento) jusqu'au marché de Matosinhos en longeant le Douro puis l'océan et les plages de Foz et de Matosinhos. On peut acheter un plan (0,50 €) dans les *lojas* STCP de la gare São Bento (I7) et de la station de métro Trindade (E2).
Informations : www.stcp.pt

En tramway

Le tramway, **mode de transport le plus charmant,** ne circule cependant plus que sur 3 lignes : **la 1,** qui longe le Douro depuis Infante (près de l'église São Francisco) jusqu'à Passeio Alegre, dans le quartier de Foz ; **la 18,** qui monte du Museu do Carro Eléctrico jusqu'à l'église de Carmo, et **la 22,** qui part du funiculaire de Guindais (en haut)

Bon à savoir

Heure locale

Il y a 1h de décalage avec la France (quand il est 12h à Paris, il est 11h à Porto). Les changements d'heure (hiver/été) se font en même temps qu'en France.

Voltage

Le courant est de 220 V comme en France, et les prises sont identiques.

Téléphone

Pour téléphoner au Portugal depuis la France : 00 351 + numéro de votre correspondant. Pour téléphoner en France depuis le Portugal : 00 33 + numéro de votre correspondant sans le 0. Pour appeler dans Porto, composez les 9 chiffres du numéro.

Depuis juin 2017, les **frais d'itinérance** *(roaming)* ne sont plus facturés par votre opérateur lors de vos voyages au sein de l'UE. Vos communications (appels, SMS, MMS) et votre connexion Internet au Portugal sont désormais incluses dans votre forfait. Attention, des surcoûts peuvent toutefois continuer à s'appliquer. Ainsi, pour Internet, des plafonds de consommation ont été fixés. Enfin, cette réglementation ne s'applique qu'en cas de déplacement : lorsque vous préparez votre voyage, vos appels et messages depuis votre pays de résidence vers l'étranger restent surtaxés. Renseignez-vous auprès de votre opérateur.

Poste

Les timbres *(selos)* sont en vente dans les bureaux de poste, appelés CTT. Le timbre est à 0,72 € en tarif normal pour l'UE. Le bureau principal de Porto est situé près de la mairie :

Praça General Humberto Delgado (16) • Lun.-ven. 8h-21h, sam. 9h-18h.

Jours fériés

Ano Novo : 1er janvier • Vendredi saint • Dia da Liberdade : 25 avril • Dia do Trabalhador : 1er mai • Dia de Portugal : 10 juin • Assunção de Maria : 15 août • Imaculada Conceição : 8 décembre • Natal : 25 décembre. À ces jours fériés nationaux s'ajoute un jour férié municipal, qui varie selon les communes. Porto, Braga et Guimarães : 24 juin (São João) ; Aveiro : 12 mai ; Amarante : 8 juillet ; Péso da Regua : 16 août ; Lamego : 8 septembre.

Tabac

La loi interdit de fumer dans les lieux publics fermés, mais avec une certaine souplesse (cafés, restaurants et discothèques peuvent autoriser la cigarette s'ils assurent une bonne qualité de l'air aux non-fumeurs).

jusqu'à l'église de Carmo également, en passant par l'avenida dos Aliados. Il y en a **toutes les 30 min,** de 9h15 à 17h15 d'octobre à mars, de 9h30 à 20h20 d'avril à septembre. Le trajet coûte 3 € ; le pass 2 jours, 10 €. Le billet simple s'achète à bord des voitures de tram ; le pass 2 jours, au Museu do Carro Eléctrico ou en agence de voyage.
Informations : www.stcp.pt/en/tourism/porto-tram-city-tour

En funiculaire

Le Funicular dos Guindais est très pratique si l'on veut rejoindre le quartier de la cathédrale depuis la Ribeira sans monter les escaliers. Les billets peuvent être achetés dans les 2 gares de départ du funiculaire (2,50 € le trajet). Voir p. 31.

En taxi

Les taxis sont nombreux, en général disponibles rapidement, et très abordables. Compter de 5 à 8 € pour une course en centre-ville.

• Táxis Invicta
☎ 225 076 400 ou 912 301 251
• www.taxisinvicta.com

• Antral
☎ 707 277 277 • http://antral.pt

En bateau à moteur

Depuis 1961, *Flor do Gás*, un petit bateau à moteur, traverse le Douro entre la rua do Ouro (HP par A3), côté Porto, et Afurada (HP par A3), à Vila Nova de Gaia. La traversée dure moins de 5 min. Tarif : 1,50 € le trajet. Possibilité d'embarquer son vélo pour 1 € de plus. Et pour 2,50 €, le *Flor do Gás* vous emmène au port Douro Marina (à la demande).
☎ 224 930 964 • Avr.-oct. : t. l. j. 9h-22h ; nov.-mars : t. l. j. 9h-18h • Dans le sens Porto vers Afurada : toutes h15 et h45 ; d'Afurada à Porto : toutes les h00 et h30.

En téléphérique

Le Teleférico de Gaia relie les quais de Vila Nova de Gaia au tablier supérieur du ponte Dom Luís I et au Mosteiro da Serra do Pilar, bien qu'il faille encore marcher (et grimper) un peu pour atteindre ce dernier depuis la gare du haut du téléphérique. Tarif : 5 € le trajet, 8 € l'A/R.
Calçada da Serra, 143 (E5) • ☎ 223 741 440 • www.gaiacablecar.com • Mai-sept. : t. l. j. 10h-20h ; avr. et oct. : t. l. j. 10h-19h ; nov.-mars : t. l. j. 10h-18h.

AUTOUR DE PORTO

Braga, Guimarães et Aveiro (Visites 14, 15 et 16), proches de Porto, peuvent se découvrir chacune en une journée. Les liaisons en train et en bus sont nombreuses et rapides. En revanche, nous vous conseillons la voiture pour visiter la vallée du Douro (Visite 13), où les villages sont un peu moins bien desservis par les transports en commun. De plus, le trajet le long de la N222 est splendide. Sachez néanmoins que les routes sont étroites, sinueuses et très empruntées par les camions. Prévoyez large et prenez le temps de quelques arrêts pour admirer les paysages.

En train

Il y a deux gares à Porto : São Bento (dans la Baixa - I7) et Campanhã (la plus importante - HP par F3).
Voici les temps de trajet et les tarifs approximatifs en train (sans changement) depuis Porto Campanhã : jusqu'à **Braga** : 1h, env. 4 €, 1 à 2 départ/h ; jusqu'à **Guimarães** : 1h10, env. 4 €, 1 départ/h ; jusqu'à **Aveiro** : 1h, env. 4 €, 2 à 3 départ/h ; jusqu'à **Peso da Régua** (où se trouve le Museu do Douro) : 2h, env. 9 €, 1 départ/h ; jusqu'à **Pinhão** : 2h30, env. 11 €, 1 départ ttes les 2h.

Horaires, tarifs et réservations : www.cp.pt

En bus

Il existe également un bon réseau de bus reliant les **villes du nord du Portugal.** Temps de trajets et tarifs grosso modo équivalents au train.

- **Rede expressos**

☎ 707 223 344 • www.rede-expressos.pt

- **Transdev**

☎ 222 006 954 • www.transdev.pt

En cas d'urgence

- Pompiers, police, ambulance : ☎ 112.
- Agence consulaire de Porto : voir encadré p. 186.
- Police touristique *(Esquadra de turismo)* : rua Clube dos Fenianos, 11 (à côté de l'office de tourisme - I6) ; ☎ 222 081 833.

Bom Jesus et le **monastère de Tibães** sont desservis par des bus depuis Braga :

- **TUB : Transportes Urbanos de Braga**

☎ 253 606 890 • www.tub.pt

Pour vous rendre à **Lamego**, il faut prendre le bus depuis Peso da Régua (env. 20 min, 6 €).

Le plus simple pour aller à **Amarante** est de prendre le bus avec la compagnie Rodonorte. Compter 50 min (aller simple 7,60 €).

- **Rodonorte**

Départ depuis Porto : rua Ateneu Comercial, 19 (E3) • ☎ 932 775 512 • www.rodonorte.pt

En bateau

Si vous voulez faire une balade en bateau sur le Douro, voir p. 194 et p. 195.

Location de voitures

Si vous souhaitez faire plusieurs des excursions proposées dans les Visites 13 à 16, louer une voiture sera une solution plus onéreuse que les transports en commun, mais elle vous offrira davantage de liberté. Attention toutefois à la durée et à la difficulté des trajets, notamment dans la vallée du Douro ! Au Portugal, la vitesse est limitée à 50 km/h en ville, 90 km/h sur route et 120 km/h sur autoroute. Le taux d'alcoolémie autorisé est limité à 0,5 g/l de sang. Par ailleurs, de plus en plus d'autoroutes disposent d'un système de péage électronique pour lesquels les voitures doivent être munies d'un dispositif de reconnaissance. Parlez-en avec votre loueur. On trouve à l'aéroport de Porto les compagnies suivantes :

- **Avis**

☎ 800 201 002 • www.avis.com.pt

- **Europcar**

☎ 219 407 790 • www.europcar.pt

- **Hertz**

☎ 219 426 300 • www.hertz.pt

- **Sixt**

☎ 222 076 725 • www.sixt.co.uk

- **Guerin**

☎ 210 100 200 • www.guerin.pt

À VOIR, À FAIRE

OFFICES DE TOURISME DE PORTO

Il existe à Porto quatre points d'informations touristiques municipaux, où il est possible de se renseigner sur ce qu'il ne faut pas manquer pendant votre séjour, et d'acheter la **Porto Card** (voir p. 193), la **carte Andante** (voir p. 188) et des billets pour un grand nombre de musées, spectacles, visites, croisières et excursions.

Posto de Turismo - Sé (Casa da Câmara)

Terreiro da Sé (I8) • Mº São Bento • T. l. j. 9h-19h (20h juin-oct.) • ☎ 223 393 472 • www.visitporto.travel (numéro et site Internet valables pour les trois autres adresses).

Posto de Turismo - Centro

Rua Clube dos Fenianos, 25 (près de la mairie - I6) • Mº Aliados • T. l. j. 9h-minuit (de 19h à minuit, s'adresser à l'Esquadra de Turismo do Porto, la porte à côté).

Point Campanhã

Estação de Comboio de Campanhã (billetterie de la gare - HP par F3) • Mº Campanhã • T. l. j. 10h-13h30 et 14h30-19h.

Point Ribeira

Praça da Ribeira (I8) • Bus 500, arrêt Ribeira (Infante) • Avr.-oct. : t. l. j. 10h-19h.

AUTRES OFFICES DE TOURISME

Loja Interativa de Turismo de Vila Nova de Gaia

Accès aux informations touristiques 24h/24 grâce à des écrans interactifs.

Avenida Diogo Leite, 135 (E5) • Mº Jardim do Morro • ☎ 223 758 288 • www.cm-gaia.pt

Posto de Turismo de Braga

Avenida da Liberdade, 1 • ☎ 253 262 550 • www.cm-braga.pt • T. l. j. 9h-13h et 14h-18h30 (18h sam.-dim. et j.f.).

Loja Interativa de Turismo de Guimarães

Praça de São Tiago • ☎ 253 421 221 • www.guimaraesturismo.com • Lun.-ven. 9h30-18h, sam. 10h-13h et 14h-18h, dim. et j.f. 10h-13h (1er juin-15 sept. : f. à 19h lun.-sam.).

Posto de Turismo de Aveiro

Rua João Mendoça, 8 • ☎ 234 420 760 • www.turismodocentro.pt • Mi-sept.-mai : lun.-ven. 9h-18h, sam.-dim.

et j.f. 9h30-13h30 et 14h-17h30 ; juin-mi-sept. : lun.-ven. 9h-20h, sam.-dim. et j.f. 9h-18h.

LA PORTO CARD

La Porto Card est un *pass* qui donne un accès libre à 11 musées (parmi lesquels le Centro Português de Fotografia, le Museu Romântico, le Museu Guerra Junqueiro et la Casa do Infante), 50 % de réduction sur 8 autres sites et musées (dont la torre dos Clérigos, la Casa da Música, le Museu de Arte Contemporânea de Serralves, le Museu Nacional de Soares dos Reis et le Palácio da Bolsa), 35 % de réduction chez Sea Life, et d'autres réductions pour des visites de caves, restaurants, magasins, location de vélos, spectacles et excursions.
La version « avec transport » donne un accès illimité aux transports publics (métro, bus, mais attention, pas le tramway) pendant la durée de validité de la carte.
Tarif sans transports : 1 jour 6 €, 2 jours 10 €, 3 jours 13 € ; avec transports : 1 jour 13 €, 2 jours 20 €, 3 jours 25 €.
On peut se procurer cette carte dans les offices de tourisme répertoriés précédemment, ou bien la commander en ligne avant de partir :
http://visitporto.travel

AUTRES RÉDUCTIONS

L'entrée est gratuite le premier dimanche du mois dans tous les musées gérés par l'État, parmi lesquels le Museu Nacional de Soares dos Reis, le Museu de Serralves (le matin seulement), le Mosteiro da Serra do Pilar et le Mosteiro de Tibães, le Museu de Lamego, le Castelo et le Paço dos Duques à Guimarães, et le Museu de Aveiro.
La torre dos Clérigos, le musée de la Santa Casa da Misericórdia et le Palácio da Bolsa proposent un billet commun à 11 € pour ces 3 monuments, ce qui représente une réduction de 30 % sur l'ensemble.

Sites Internet et applications

• Site des agences régionales de promotion touristique de Porto et de la région nord.

http://fr.visitportoandnorthtravel

• Site de promotion touristique du Portugal, développé par Turismo de Portugal, l'agence de tourisme nationale.

www.visitportugal.com/fr

• Application gratuite développée par la mairie de Porto pour aider les touristes à planifier leur séjour à Porto oPORTOnity City (disponible sur PC, en portugais, anglais et espagnol).

• Application gratuite permettant de planifier ses déplacements en temps réel avec les transports publics de Porto MOVE-ME.mobi (disponible sur Android et Apple, en portugais, anglais, espagnol et italien).

VISITES GUIDÉES ET EXCURSIONS

À pied

C'est en marchant que l'on peut le mieux apprécier Porto, et les plus beaux panoramas sur la ville se méritent en gravissant ses ruelles escarpées et ses escaliers. Il faut donc une bonne condition physique pour suivre les visites guidées, ainsi qu'une paire de chaussures confortables.
Des visites guidées sont proposées en français avec :

- **Jorge**

Visites « Découverte » et « Chemins de traverse » d'environ 3h30. Entre 20 et 30 €/pers.
☎ 916 404 799 • https://baladesaporto.wordpress.com

- **Ricardo**

Visite « Découverte » d'environ 4h le matin en semaine, et visite « Découverte + gastronomie » le week-end. À partir de 20 €/pers. (+ prix des consos).
☎ 916 278 363
• http://visiterporto.com

En bus à impériale

Trois compagnies se font concurrence pour les bus Hop-on Hop-off, touristiques par excellence, mais qui sont un bon moyen de rallier les différents points d'intérêt de la ville, tout en profitant de commentaires en français avec un audioguide. Chacune de ces compagnies a sa couleur, et toutes offrent des packages avec des promenades en bateau ou des dégustations de porto.

- **Porto & Douro Expériences (bus bleus)**

24h 15 €, 48h 17 €, 48h + croisière des six ponts 18 €.
☎ 223 402 500 • www.oportobluebus.com

- **Yellow Bus (bus jaunes)**

1 journée 13 €, 2 jours 15 €, 2 jours + croisière + dégustation 24 €. Ils proposent deux circuits différents, l'un englobant Matosinhos, l'autre Vila Nova de Gaia. Yellow Bus est également présent à Braga et Guimarães.
www.yellowbustours.com/fr

- **City Sightseeing (bus rouges)**

2 jours + dégustation 10 €. On peut choisir deux circuits également, dont un sur Vila Nova de Gaia.
☎ 222 080 677 • www.city-sightseeing.com/tours/portugal/porto.htm

En tuk-tuk

Il existe plusieurs sociétés proposant des balades en *tuk-tuk*, mais une seule est écologique : **Tuk Tour Porto,** dont les véhicules colorés sont 100 % électriques, silencieux et non polluants. Balades à partir de 15 € par personne, conduites par un guide francophone, avec un itinéraire à choisir parmi ceux proposés (Douro rive gauche ou droite, Porto baroque, Caves de Gaia, Porto by night), ou bien personnalisé à votre convenance. Tuk Tour Porto propose aussi des Rétro-tours : balades en Coccinelle ou Combi des années 1960 pour découvrir le nord du Portugal.

- **Tuk Tour Porto**

Rua de São Filipe de Nery (H7) • ☎ 915 094 443 • www.tuktourporto.com • À partir de 110 €/pers.

À deux-roues : vélo, scooter, Segway

Attention, Porto n'a quasiment pas de pistes cyclables, et les automobilistes ne sont pas très habitués à laisser de la place aux cyclistes. Il existe cependant une belle balade, avec une vraie piste cyclable, du côté de Vila Nova de Gaia, en longeant le fleuve depuis la marina (Douro Marina, à Afurada) en direction de l'estuaire, puis de l'Océan. Voici quelques contacts de sociétés qui louent vélos, scooters ou Segway, avec ou sans guide :

• North Road
Rua do Infante D. Henrique, 117 A (H8) • ☎ 309 968 534 • www.northroad.pt

• Blue Dragon
Avenida Gustavo Eiffel, 280 (I8) • ☎ 912 562 190 • www.portorentabike.com

• Oporto Share
Rua da Bainharia, 20 (H8) • ☎ 911 042 263 • http://oportoshare.pt

• Vieguini
Rua Nova da Alfândega, 7 (H8) • ☎ 914 306 838 • www.vieguini.pt

En bateau

Trois sociétés proposent une minicroisière en ***rabelo*** sous les six ponts de Porto, toutes au même prix de 15 €/pers., pour une durée d'environ 50 min, avec six pontons d'embarquement répartis de part et d'autre du Douro :

• côté Ribeira : cais da Estiva (H8), cais da Ribeira (I8) et cais dos Guindais (I8)
• côté Gaia : cais de Gaia (D4-5), avenida Ramos Pinto (D5) et avenida Diogo Leite (E4-5).

Ces sociétés permettent également de remonter le Douro jusqu'à Peso da Régua, Pinhão ou Foz Côa, avec un retour en bateau ou en train.

• Barcadouro
☎ 223 722 415 • www.barcadouro.pt

• Rota do Douro
☎ 223 759 042 • www.rotadodouro.pt

• Tomaz do Douro et Via D'Ouro
☎ 222 082 286 • http://tomazdodouro.pt

En hélicoptère

Porto & Douro Expériences propose de découvrir Porto vue du ciel. À partir de 50 €/pers. (pour un groupe de 3) pour 10-12 min de vol.

• Helitours
Heliporto de Massarelos, Alameda Basílio Teles • ☎ 225 432 464 • www.helitours.pt

Excursions aux alentours de Porto

Voici quelques sociétés qui ont un catalogue d'excursions et qui, en général, peuvent aussi faire du sur-mesure. Mais attention, ces visites sont souvent en anglais.

• Oporto Share
☎ 911 042 263 • http://oportoshare.pt

• 100 rumos
☎ 222 433 148 ou 960 426 692 • http://100rumos.com

• The Other Side
☎ 916 500 170 • www.theotherside.pt

Avec des enfants

Le dénivelé, les pavés et l'absence de trottoirs font que, pour les plus jeunes, le porte-bébé est préférable à la poussette. Il est possible cependant de louer sur place du matériel pour bébé et de vous le faire livrer :

• Upababy
☎ 916 188 018 • www.upababy.pt/fr

Les transports du réseau Andante (bus, train et tram) ainsi que le train sont gratuits pour les moins de 4 ans. C'est également le cas de la plupart des monuments de Porto, qui proposent aussi, en général, des réductions familles. Les visites qui recueillent le plus de suffrages auprès des enfants sont celles de World of Discoveries (p. 62), du Museu das Marionetas (p. 39), de Sea Life (p. 75), du stade du Dragão et de son musée (p. 76), et du Pavilhão da Água (p. 75) dans le Parque da Cidade. Les aires de jeux situées sur la Praia do Homem do Leme (avenida de Montevideu, à Foz - voir plan p. 72), dans les jardins du Palácio de Cristal (p. 66) et sur les quais de Vila Nova de Gaia (avenida Ramos Pinto, 400 - D5) sont également appréciées.

ET LE BUDGET ?

Il est tout à fait possible de passer un week-end agréable à Porto sans se ruiner. Rares sont les musées et monuments dont l'entrée dépasse 5 €, et il faut compter en moyenne 15-20 € par repas, et environ 10 € pour une sortie le soir. Les cartes Andante Tour et Porto Card permettent d'utiliser les transports publics à volonté sur 2 ou 3 jours, sachant que les visites 1 à 8 de ce guide peuvent se faire intégralement à pied.

Cartes bancaires

Le Portugal étant un pays de la zone euro, vous pouvez y effectuer vos retraits et paiements par carte (Visa, MasterCard, etc.) comme vous le feriez en France. Inutile d'emporter des sommes importantes en liquide. Tous vos paiements par carte sont gratuits et vos retraits sont soumis aux mêmes conditions tarifaires qu'en France (donc sans commission pour la plupart des cartes bancaires). Attention, certains commerces et restaurants n'acceptent désormais que les règlements en espèces. Renseignez-vous auprès de votre banque avant de partir pour vous assurer de vos plafonds de retrait et de paiement à l'étranger et pour connaître les montants hebdomadaires autorisés.

Perte ou vol de votre carte

Avant de partir, pensez à noter les 16 chiffres de votre carte bancaire qui vous seront demandés en cas d'opposition.

- **Visa**

☎ 800 811 824 depuis le Portugal
• www.visaeurope.com

- **MasterCard**

☎ 0 800 90 13 87 (anglais) ou
☎ 800 811 272 depuis le Portugal (fr.)
• www.mastercard.com/fr

- **American Express**

☎ 00 33 1 47 77 72 00 • www.americanexpress.com

- **Toutes cartes**

☎ 0033 442 605 303.

Nos hôtels
PAR QUARTIER

Palácio da Bolsa et São Francisco (Quartier 3 - p. 36)

1872 RIVER HOUSE

Tout le charme de la Ribeira se retrouve dans les 8 chambres de cette maison d'hôtes posée sur le fleuve, avec ses murs en pierres apparentes et ses vitraux colorés. Les chambres côté fleuve valent la différence de prix, pour la vue comme pour le calme, que l'on retrouve également dans la salle où est servi le petit déjeuner.

Rua do Infante Dom Henrique, 133 (Plan H8) • Bus 500, arrêt Ribeira (Infante) • ☎ 961 172 705 • http://1872riverhouse.com • F. 1re quinzaine de janv. • De 145 à 240 €.

São Bento, Aliados et praça da Liberdade (Quartier 4 - p. 42)

CASA DOS LÓIOS BY SHIADU

Les 13 ravissantes chambres de cette maison d'hôtes on ne peut plus centrale surplombent une cour intérieure joliment aménagée, bien à l'abri de l'agitation de la Baixa. Le buffet du petit déjeuner est copieux et composé de produits maison.

Largo dos Lóios, 47 (Plan I7) • M° São Bento • ☎ 914 176 969 • www.shiadu.fr • De 85,50 à 159 €.

GRANDE HOTEL DE PARIS

Cet hôtel, ouvert en 1846, est le plus ancien de Porto et a conservé tout le charme de la Belle Époque. Ses 40 chambres sont fonctionnelles, et le petit déjeuner est servi dans une belle salle à manger ou bien dans le jardin. Pensez toutefois à demander une chambre au calme, si vous ne souhaitez pas profiter toute la nuit de l'animation du quartier le plus festif de la ville !

Rua da Fábrica, 27-29 (Plan I6) • M° Aliados • ☎ 222 073 140 • www.hotelparis.pt • De 55 à 135 €.

INTERCONTINENTAL

Luxe et élégance dans cet ancien palais qui allie confort moderne et raffinement du décor. Idéalement situé au cœur de la Baixa. Ses chambres sont spacieuses et son Spa appréciable. Sans oublier son bar à l'ambiance feutrée, et son restaurant tout aussi distingué.

Praça da Liberdade, 25 (Plan I7) • M° São Bento • ☎ 220 035 600 • www.intercontinental.com • De 150 à 300 €.

PÃO DE AÇÚCAR

Construit dans les années 1940, cet hôtel abrite un musée vintage d'objets du siècle dernier, avec une collection d'auto-tamponneuses des années 1970 disposées autour d'un superbe escalier en colimaçon. Les chambres ne sont pas d'un grand confort, mais les prestations sont tout à fait correctes pour le prix et pour l'emplacement très central.

Rua do Almada, 262 (Plan I6) • M° Aliados • ☎ 222 002 425 • www.paodeacucarhotel.pt • De 49 à 200 €.

HOTEL TEATRO

Dépaysement garanti dans cet hôtel conçu tout entier comme un théâtre, en souvenir du Teatro Baquet dont il occupe les lieux, avec sa billetterie, sa scène et ses costumes du XIXe s., le tout ponctué de citations du grand auteur romantique Almeida Garrett. Les chambres sont très confortables, et la situation géographique idéale.

Rua de Sá da Bandeira, 84 (Plan I6-7) • M° São Bento • ☎ 220 409 620 • www.hotelteatro.pt • À partir de 170 €.

Batalha et Bolhão (Quartier 5 – p. 42)

DECANTING PORTO HOUSE

L'atmosphère de ce petit hôtel de la Baixa est familiale, avec 12 chambres de petite taille mais propres et soignées, tapissées de bois clair de caisses de porto. Il n'y a pas d'ascenseur pour accéder aux 3 étages, et la rue elle-même n'est pas très jolie, mais le centre historique est tout près, et le rapport qualité-prix assez imbattable.

Rua da Alegria, 147 (Plan F3) • M° Bolhão • ☎ 222 001 119 • www.decantingporto.com • De 39,50 à 92 €, petit déjeuner : 9 €.

Decanting Porto House

NH COLLECTION PORTO BATALHA

Ouvert en 2015, cet hôtel 4-étoiles s'est installé dans un bel immeuble rénové du XVIIIe s. donnant sur la praça da Batalha. Le standing des chambres et les services, tels que la piscine intérieure, l'espace de remise en forme et le Spa, sont à la hauteur de la prestigieuse chaîne hôtelière à laquelle il appartient.

Praça da Batalha, 60-65 (Plan E3) • M° São Bento • ☎ 211 128 987 • www.nh-hotels.fr • De 90 à 230 €, petit déjeuner : env. 15 €.

Vitória et rua das Flores (Quartier 7 - p. 56)

VITÓRIA & FLORES VILLAGE

La rue la plus élégante de Porto abrite depuis 2014 un hôtel et appart-hôtel de charme. Ses chambres, classiques ou familiales, dont certaines ont une vue sur la cathédrale, son jardin, son espace bien-être et sa piscine intérieure en font un lieu unique en plein centre-ville.

Rua das Flores, 139 (Plan I7) • M° São Bento • ☎ 222 013 477 / 478 • www.floresvillage.com, www.vitoriavillage.com • Chambre double de 100 à 280 €, appartement de 120 à 300 €/nuit.

Palácio de Cristal (Quartier 9 - p. 64)

MERCADOR - GUEST HOUSE

Cette charmante maison d'hôtes, située dans la rue des galeries d'art de Porto, dispose de 7 chambres élégantes et confortables. L'accueil est aussi soigné que la décoration de cette maison bourgeoise du XIXe s., avec un petit déjeuner servi dans le jardin aux beaux jours.

Rua de Miguel Bombarda, 382 (Plan G6) • Bus 200, arrêt Palácio • ☎ 224 081 545 • http://mercadorguesthouse-hotel.guestcentric.net • De 98 à 123 €.

OPORTO LOFT

Le mélange d'ancien et de moderne fonctionne admirablement dans cette maison d'hôtes (5 chambres) ouverte en 2015, lui donnant un cachet fou. Mais le grand point fort de cette adresse, c'est son immense et splendide jardin, dont le calme compense largement l'éloignement relatif du centre historique (10 min à pied de Clérigos).

Rua Dom Manuel II (Plan G6) • Bus 200, arrêt Hosp. St António • ☎ 917 523 243 • www.oportoloft.pt • De 80 à 107 €.

Casa da Música et Boavista (Quartier 10 - p. 68)

HOTEL DA MÚSICA

Cet hôtel design, moderne et confortable est intégré dans le bâtiment du Mercado Bom Sucesso. La déco est entièrement dédiée à la musique, mais sa plus grande originalité réside dans la possibilité d'acheter au marché les ingrédients que vous souhaitez, et de demander au chef du restaurant de vous les cuisiner pour votre repas.

Mercado Bom Sucesso • Largo Ferreira Lapa, 21 (Plan C1) • Bus 200, arrêt Boavista - B. Sucesso • ☎ 226 076 000 / 707 292 707 • www.hoteldamusica.com • De 64 à 139 €, petit déjeuner : 9,50 €.

Foz do Douro (Quartier 11 – p. 72)

HOTEL BOA-VISTA

Envie d'un break en bord de mer ? L'Hotel Boa-Vista est idéalement situé à l'embouchure du Douro, à quelques mètres des plages. Ses chambres offrent un confort correct, les plus de l'hôtel étant sa salle de sport et surtout sa piscine couverte sur le toit, jouissant d'une vue splendide, tout comme la salle de petit déjeuner. La Baixa est facilement accessible en tramway ou en bus direct le long du Douro.

Esplanada do Castelo, 58 • Bus 500, arrêt Senhora da Luz • ☎ 225 320 020 • www.hotelboavista.com • De 83 à 96 € (vue sur mer) ; sept.-mai : de 60 à 90 €.

En dehors des quartiers de visite

CANTO DE LUZ

Cette petite maison d'hôtes a été aménagée par un couple de Français. Quatre chambres doubles, des meubles chinés qui vous feront vous sentir chez vous, un petit déjeuner bio, servi en terrasse quand le temps le permet, et surtout un accueil personnalisé : vous n'arriverez plus à quitter les lieux !

Rua do Almada, 539 (Plan E2) • M° Aliados • ☎ 225 492 142 • www.cantodeluz.com • Séjour d'au moins 3 nuits • F. mi-nov.-fév. • De 84 à 95 €.

Canto de Luz

Lexique

QUOTIDIEN

À tout à l'heure : ***até já, até logo***
Au revoir : ***adeus***
Beaucoup : ***muito***
Bonjour : ***bom dia*** (avant 13h), ***boa tarde*** (13h-20h), ***boa noite*** (après 20h)
Excusez-moi : ***desculpe, com licença***
Je ne comprends pas : ***não compreendo, não percebo***
Je vous en prie : ***faz favor***
Madame : ***Senhora***
Merci : ***obrigada*** (dit par une femme), ***obrigado*** (dit par un homme)
Monsieur : ***Senhor***
Non : ***não***
Oui : ***sim***
Parlez-vous français ? : ***fala francês ?***
Pourquoi ? : ***porquê ?***
Rien : ***nada***
S'il vous plaît : ***por favor, se faz favor***

ESPACE ET TEMPS

Où se trouve... ? : ***Onde é... ?***
À droite : ***à direita***
À gauche : ***à esquerda***
Tout droit : ***em frente***
Matin : ***manhã***
Après-midi : ***tarde***
Soir et nuit : ***noite***
Aujourd'hui : ***hoje***
Hier : ***ontem***
Demain : ***amanhã***
Lundi : ***segunda feira***
Mardi : ***terça feira***
Mercredi : ***quarta feira***
Jeudi : ***quinta feira***
Vendredi : ***sexta feira***
Samedi : ***sábado***
Dimanche : ***domingo***

AU RESTAURANT

Addition : ***conta***
Assiette : ***prato***
Beurre : ***manteiga***
Bière : ***cerveja, o fino*** (à Porto)
Bistrot, troquet : ***tasca, tasquinha***
Bœuf : ***vaca, novilho***
Boulangerie : ***padaria***
Bouteille d'eau / de vin : ***garrafa de água / de vinho***
Brasserie : ***cervejaria***
Café : ***café***
Canard : ***pato***
Charcuterie : ***enchidos, charcutaria***
Chocolat : ***chocolate***
Couteau : ***faca***
Cuillère : ***colher***
Déjeuner : ***almoço***
Demi-portion : ***meia dose***
Dessert : ***sobremesa, doce***
Dîner : ***jantar***
Eau minérale (pétillante, plate, fraîche) : ***água mineral (com gás, sem gás, fresca)***
Fourchette : ***garfo***
Fromage : ***queijo***
Fruits : ***fruta***
Gâteau : ***bolo***
Glace : ***gelado***
Glaçon (avec ou sans glaçon) : ***gelo (com o sem gelo)***
Hors-d'œuvre : ***petiscos***
Huile d'olive : ***azeite***
Jambon blanc : ***fiambre***
Jambon cru : ***presunto***
Jus de fruits, d'orange : ***sumo de fruta, de laranja***
Lait : ***leite***
Menu : ***ementa, lista***
Morue : ***bacalhau***
Pain : ***pão***
Parfum (glace) : ***sabor do gelado***
Pâtes : ***massa***
Petit déjeuner : ***pequeno-almoço***
Poisson : ***peixe***
Salade verte : ***alface***
Sel et poivre : ***sal e pimenta***
Sucre : ***açúcar***
Terrasse (d'un restaurant) : ***esplanada***
Thé : ***chá***
Verre : ***copo***
Viande : ***carne***
Vin : ***vinho***

À L'HÔTEL

Chambre : ***quarto***
Lit (à deux places) : ***cama (de casal)***
Nuit : ***noite***
Réservation : ***reserva***
Salle de bains : ***casa de banho***

EN VILLE

Aéroport : ***aeroporto***
Argent : ***dinheiro***
Arrêt de bus : ***paragem de autocarro***
Banque : ***banco***
Bateau : ***barco***
Boîte aux lettres : ***caixa do correio***
Bus : ***autocarro***
Carte d'identité : ***bilhete de identidade (BI)***
Distributeur automatique : ***caixa multibanco***
Église : ***igreja***
Embarcadère : ***ponto de embarque***
Gare : ***estação***
Hôpital : ***hospital***
Médecin : ***médico***
Métro : ***metro***
Parking : ***parque de estacionamento***
Passeport : ***passaporte***

Plan (de la ville) : ***mapa (da cidade)***
Pharmacie : ***farmácia***
Police : ***polícia***
Poste : ***correios***
Prendre une photo : ***tirar uma fotografia***
Quais : ***cais***
Rue : ***rua***
Taxi : ***tàxi***
Téléphone : ***telefone***
Timbre-poste : ***selo***
Train : ***comboio***
Tramway : ***elétrico***
Voiture : ***carro***

SHOPPING

Acheter : ***comprar***
Bon marché : ***barato***
Bijoux : ***jóias***
Boutique, magasin : ***loja***
Cadeau : ***prenda***
Chaussures : ***sapatos***
Cher : ***caro***
Combien est-ce ? : ***quanto custa ?***
Essayer (un vêtement) : ***experimentar (uma peça de roupa)***
Fermé : ***fechado***
Jouet : ***brinquedo***
Livraison : ***entrega***
Manteau : ***casaco***
Marché : ***mercado***
Ouvert : ***aberto***
Pantalon : ***as calças***
Payer : ***pagar***
Pointure : ***tamanho, número***
Prix : ***preço, valor***
Pull : ***camisola***
Qualité : ***qualidade***
Rabais : ***desconto***
Sac à main : ***carteira***
Solide : ***resistente***
Taille : ***tamanho***

Mots clés

PORTO

AVEIRO

BRAGA

GUIMARÃES

VALLÉE DU DOURO

VILA NOVA DE GAIA

CRÉDIT PHOTOGRAPHIQUE

Intérieur

Toutes les photographies de cet ouvrage ont été réalisées par **Jérôme Plon,** à l'exception de celles des pages suivantes :

Sophie Fouquet : p. 10 haut, p. 74.

Hemis.fr : © Jon Arnold Images : p. 1; © **Franck Guiziou** : p. 7 bas, p. 11 haut, p. 14, p. 85 ; © **Ivan Nesterov / Alamy** : p. 13 ; © **Jacques Pierre** : p. 15 bas ; © **kpzfoto / Alamy** : p. 57 bas ; © **Marcin Jamkowski / Adventure Pictures / Alamy** : p. 81 ; © **Tasfoto / Alamy** : p. 95 ; © **Bertrand Rieger** : p. 97.

AGE Fotostock : © Mehul Patel : p. 5 haut ; © **Danita Delimont** : p. 5 bas ; © **Martin Zwick** : p. 24 ; © **Tasfoto** : p. 31 ; © **Konrad Zelazowski** : p. 48.

Shutterstock : © Kiev.Victor : p. 4 haut ; © **Efired :** p. 44 ; © **jiawangkun :** p. 58.

Couverture

Plat 1 : Visuel principal : **Shutterstock / © Zhukova Valentyna** ; visuels bas : **Hemis / © Jon Arnold Images**.
Plat 4 : Jérôme Plon.

Dernière édition revue et enrichie par **Sandrine Rabardeau**.
Édition originale établie par **Sophie Fouquet**.

Direction : Nathalie Bloch-Pujo
Direction éditoriale : Cécile Petiau
Édition : Marine Barbier-Blin, Eulalie Chantreux, Émilie Lézénès, Géraldine Péron, Adam Stambul, Julie Wood
Suivi éditorial : Laure Méry
Lecture-correction : Emmanuelle Fernandez
Ont également collaboré à cet ouvrage : Andrés Moralès, Camille Dupont, Lisa Fichter, Oriane Gambatesa
Cartographie : Frédéric Clémençon et Aurélie Huot
Fabrication : Rémy Chauvière

Conception graphique de la couverture et de la maquette intérieure : Caroline Joubert • www.atelier-du-livre.fr
Mise en pages intérieure : Chrystel Arnould

Contact presse : rmazef@hachette-livre.fr - ☎ 01 43 92 36 66
Contact publicité : vhabert@hachette-livre.fr - ☎ 01 43 92 32 52

Aussi soigneusement qu'il ait été établi, ce guide n'est pas à l'abri des changements de dernière heure, d'erreurs ou omissions. Ne manquez pas de nous faire part de vos remarques. Informez-nous aussi de vos découvertes personnelles, nous accordons la plus grande importance au courrier de nos lecteurs :
Guides Un Grand Week-end - Hachette Tourisme - 58, rue Jean-Bleuzen, 92 170 Vanves
weekend@hachette-livre.fr
Facebook @GuidesUnGrandWeekend • **Instagram** @ungrandweekend • **Twitter** @ungrandweekenda

Édité par Hachette Livre (58, rue Jean-Bleuzen, CS 70007, 92 178 Vanves Cedex)
Imprimé par Polygraf (Capajevova 44, 08199 Presov, Slovaquie)
Achevé d'imprimer : Février 2018
ISBN : 978-2-01-700852-1 - 63-3950-2
Dépôt légal : février 2018 - Collection n°44 - Édition : 01